921
地動綻開的
花蕊

走過20年,
從新校園運動到建改社
改革是永遠的進行式

建築改革社 編著

新校園的建築規劃概念應反映教育改革的理想與精神，也呈現出校園建築的設計者，用「心」將社區與學校串聯的歷程。——黃建興，〈為下一代蓋一所好學校〉，參見第72頁。

上：南投縣至誠國小。（黃建興建築師事務所）
下：至誠國小一角。（黃建興建築師事務所）

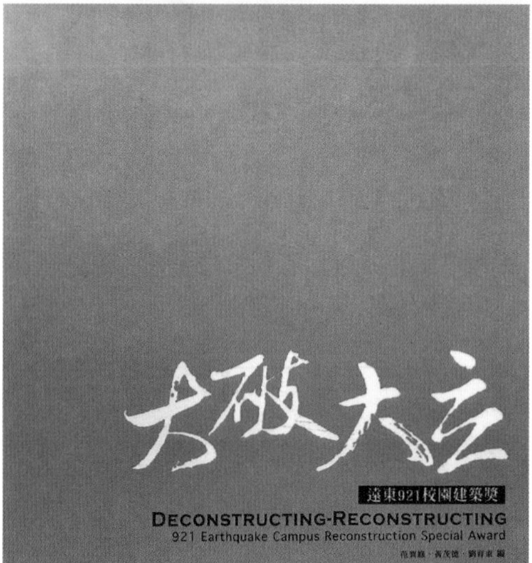

上：地動綻開的花蕊──921新校園運動階段成果展。
下：遠東基金會出版《大破大立──遠東921新校園建築獎》。

藉由民和國小及民和國中的建築案，我們想要實現三件志業。其一，讓建築內外和群體的空間服膺教育的理念；其二，讓建築物構成素材的形式是一種知性的辯證成果。其三，讓建築物的形成是經由建築師和營造業的良性互動而產生的。

——林洲民，〈一趟知性辯證和良性互動的建築之旅〉，參見第77頁。

上：南投縣民和國小。（仲觀聯合建築師事務所）
下：南投縣民和國中。（仲觀聯合建築師事務所）

上：臺中市福民國小。（王維仁建築工作室）
下：南投縣內湖國小。（郭俊沛建築師事務所）

校園中規劃教學農園、生態池、戶外劇場和種下許多大樹，就可以實踐許多人心中的夢田！

——劉木賢，〈校園是許多人的夢田〉，參見第88頁。

上：臺南市新南國小。（劉木賢建築師事務所）

下：臺南市新南國小。（劉木賢建築師事務所）

上：南投縣潭南國小。（姜樂靜建築師事務所）
下：南投縣廣英國小。（徐岩奇建築師事務所）

「縮小的城市」與「放大的家屋」是白河國小與永安國小校園的設計基本概念，將孩子們熟悉的生活元素，納入先民的居住空間智慧，與地景融為一體。——陳永興，〈放大的家屋，縮小的城市〉，參見第191頁。

上：臺南市白河國小。（水牛建築師事務所）
下：臺南市白河國小。（水牛建築師事務所）

上：臺中市新社中學。（呂欽文建築師事務所）
下：臺中市中科國小。（象設計集團）

上：臺南市永安國小。（水牛建築師事務所）
下：臺南市永安國小。（水牛建築師事務所）

二十年後回看，已經很清楚知道，鄉村社區重建很難一蹴可及，唯有深入鄉村產業經濟及社會文化問題根本面，長期與地方協力經營，才有可能累積出成效。——羅時瑋，〈九二一震災的歷史性回看：鄉村復興之曙光〉，參見第118頁。

上：社區學園遊戲角及希望之舟雕塑，設計／徐光華、雕塑／蔡志賢、攝影／羅時瑋。
下：日月潭邵族重建部落。（謝英俊建築師事務所）

學校最大的價值在哪裡？有什麼東西是在家學習無法提供的？我們找到兩樣東西：一個是有形的校園生態環境，另一個是無形的同儕學習環境。——謝伯昌，〈革命尚未成功，「新校園運動」持續進行中……〉，參見第201頁。

上：臺中西屯區長安國小。（謝伯昌建築師事務所）
下：921地震博物館。（邱文傑建築師事務所）

上：西寶國小之重建，見證了921災後「新校園運動」之新里程碑。（大藏聯合建築師事務所）
下：埔里花農農場。

由在地民間在政府與NGO、NPO輔導下所帶動的「地方產業振興」，一鄉鎮一特色與災區重建畫上等號，此亦接續到後十年之地方振興之環境產業開創，以及農村再生與城鎮風貌二·〇之全新詮釋。

——郭瓊瑩，〈種下二十年來的美好〉，參見第222頁。

建改社在陳邁先生的帶領下，一點一滴的累積了基礎；也在一次次的社會事件中，累積了能見度，被看到了建改社的理念。建改社凝聚了改革的力量、揭示了建築專業的理想與願景、維繫了許多年輕朋友的希望。

——呂欽文，〈為下一代鋪一條道路！〉，參見第280頁。

上：2006年3月5日於臺北紫藤廬召開建改社籌備會。
下：採購修法座談會。

上：2006年5月7日於臺北國際藝術村建築改革合作社成立留影，
後正式登記為「建築改革社」。
下：2014年9月21日建改社年會中共同發起自覺運動，倡議專業者不只改革別人，
也從改革自己做起！

做一個好建築師不難，但要做一個具有社會參與與文化關懷的建築師卻不容易；要做一個具有改革理念的建築師不難，但要做一個願走出去參與改革行動的建築師卻不容易。陳邁先生都做到了，這是最讓大家懷念他的地方！

目次

PART 4 建改精神的傳承

序 廢墟現美景，災難見智慧

●曾志朗／中研院院士、前教育部部長

九二一地震發生時，我在陽明大學當校長，由於陽明大學是個以醫學和醫療為主的大學，而且還有一支成立二十年的學生志工醫療團「陽明十字軍」，長期以來以服務偏鄉為主要志業，所以地震一傳出巨大災難，我們陽明十字軍和基督青年軍就前往南投災區，負擔起第一線的醫療救援工作。我記得當年有很多倒塌的房子，到底有哪些人被埋在其中，都無法查證。幸虧陽明十字軍多年來家訪的紀錄簿，一個房子一個房子的對照，才大致查出在災難中往生者的姓名、年齡和性別。人生無常，但又有誰會想到，陽明十字軍每年下鄉所做的家訪紀錄，會對災後重建產生如此有意義的貢獻！

在那段充滿驚嚇和哀傷的日子，我這個心理專業的科學家，最關心的莫過於對災後餘生者的心理重建。有一天晚上，魚池鄉公所和衛生所（當時所長是陽明大學的校友）在一間小學僅存的大教室中，合辦一個災後重建的鄉民大會。會中討論了許多大大小小政府和民間如何保持連繫和各項賑災事務的推展細節，討論中，也表達對陽明十字軍長年在鄉下做醫療服務的感謝，更對陽明大學師生在危難中進駐，以專業幫忙居民保健解憂的設施和諮商訪談，使倖存者安心的作為，表示由衷感謝。

許多鄉民以憂傷和無奈的聲調，淚眼婆娑控訴老天的不慈，對往後的日子也失去了期待。從專業的角度，我知道不能任憂傷和悲情深化，拿起簡陋的擴音器，請大家先坐下來。我手指著室外一片廢墟的校園，跟大家說：「不幸中的大幸是大地震發生在半夜，若是發生在白天，師生都在教室裡，一定更加哀鴻遍野，幼苗拆枝！現在不是哀傷的時刻，我們要一起做更重要的事！請問首先我們應該做什麼？」忽然間，大家安靜了下來，窸窸窣窣中有個共同聲音出現了，「我們要先把學校重新蓋起來，蓋得更堅固，要全新建造，不要『老背少』，希望政府聽到我們的喊話！下一代的教育最重要，學校重建要優先！」我永遠記住這些在餘震中仍然驚慌的鄉民，那一晚所喊出的共同心聲——校園重建，教育就是未來的希望！

二〇〇〇年五月二十日，我在因緣際會中被徵召成為教育部的大家長。對於長期待在實驗室做人性研究的學術人，忽然來到極端嚴謹的公務行政體系，確實是有點不知所措，而且當下面臨的是九二一校園重建的重責大任。我自知對政府部會的行政流程不甚了解，必須要趕快進入校園重建那分秒必爭的狀況，所以我把校園重建列為施政的優先要務，動員整個部會同仁全力以赴。此外，對教育政策的方向，經過思考當前世界科技文明進展的局勢，和臺灣在九二一地震之後心靈重建的需求，我規劃了五個施政方針：一、提高全民閱讀的能力，尤其是推動偏遠地區學童閱讀能力的培養；二、啟動生命教育，認識自己，了解別人，發揮人溺己溺，維護生命共同體的合作精神；三、提出資訊白皮書，擴建電訊基礎，鋪陳網路，普及數位教學；四、倡導創造力教育，提升理解能力，重視問題解決能力的培育；五、全力做好校園重建。前四項是指標性的宣告，必須逐步落實的理念。最後一項則是部裡總動員，即刻力行，希望在一年內完成。

其實校園重建在前部長楊朝祥任內就已經做了很詳盡的規劃，也訂出很務實的工作時程表，又有深具經驗、能力很強的工程顧問團隊在監控管理進度。我們是可以依照原有的規劃案，一校一校的完成重建工作。但接手之後，才知道依照傳統的法律規定，太多綁手綁腳的採購法卡住了各項工程的推展。我沒有行政的專業知識，實在束手無策，天可憐見，急出了好多白頭髮。但老天眷念，我有兩位最佳幫手，扛起所有的責任，一位是行政經驗豐富的陳德華司長（我當時請他當我的特別顧問），從公務行政的觀點，協調教育部各司處，研究法條規章，尋找突破點，能用行政法解決的，就在部裡研議解決方案；碰到非要修法不可的事物，就請我的另一位大幫手，范巽綠次長。

范次長當過立法委員，對教育有理念，對工程有比我高出數倍的專業知識。她一手撐起了校園重建的大責，包括部裡部外的各項連繫，克服種種難題，細心展開一個又一個不同地點、不同社區的新校園重建計畫，然後提出要以「最有利標」的方式來招標。要擺脫傳統便宜行事的「最低標」採購法，組成最公正無私的審議小組，這本身就是個大工程，但這樣的理念加上「新校園運動」的想法，和我對「智慧校園」的信念不謀而合。只是我雖然行政經驗不足，卻也知道范次的提案會造成院方的困擾，一定會遭遇各項阻撓。但范政次的堅定眼神感動了我，當晚我再次深思評估後，決定支持做「正確的事情」，第二天一到部裡，就簽名同意她的各項重建（而不是重蓋）的提案。

最有利標使我每次在行政院的重建委員會檢討會中，都被釘得滿頭包。我的國教司長劉奕權被記過，總務司長羅清水也被記過，說他們延誤工程進度。但事實上，我們是用時間、用美麗的夢想，換取智慧校園的品質。二十年後，再走過南投災後重建的那些美麗校園，真的要感謝范政次、陳司長、兩位努力但受冤遭懲的司長，還有部裡全體同仁的盡心盡力投入重建工作。走筆至此，回憶把我再帶入魚池鄉那天晚上的會議中，我想向鄉親們說：「校園重建優先，百年教育為要！看這些美麗堅固的校園，我們沒有辜負民眾對我們的期待！」

序

重建校園元年的開啟

●黃榮村／曾任政務委員兼行政院九二一重建委員會執行長、前教育部長

就實質災害而言，二十年前的九二一地震是二十世紀全球最大的海島型地震，震毀的石岡壩與大甲溪往下不遠處，埤豐斷橋前拱抬起六公尺落差的河床瀑布，屢次登上國際論文與教科書或專書封面。臺灣政府與民間全力投入救災與重建的集體精神之展現，更讓國際深有所感。九二一就其規模觀之，其實與之前日本的神戶—淡路地震，之後的南亞大海嘯、美國卡崔娜（Katrina）風災、中國川震、日本三一一大震相比，仍屬規模較小甚至有數量級差異的災難，但九二一造成的

慘烈災變廣為世界所知，大概是因為它具有非常醒目的特殊性之故。

九二一更重要的是它的隱喻意義，一是九二一當為一面鏡子，反映出臺灣社會一直存在的困境，因為九二一之故全部被掀開了。如私權建物很多是違法建築，在重建時馬上面臨如何合法化的問題；如學校不只結構支撐不足，還有很多建築型態不當的問題；以及臺灣土地利用一向不符生態與防災安全應有之考量，重建相關法令落伍不符需求等問題，可謂不一而足，在重建時必須有大破大立的新思維，方足成事。另外一項重要的隱喻意義，則是九二一當為火炬點燃人心的功能，如急速湧進世界少見的大量捐款、幾乎是全民動員，一兩百個民間與專業團體進入災區長期蹲點、合力經營社區總體營造等，開啟了臺灣志工元年與臺灣社區營造元年。臺灣的志工活動與社區營造早已行之有年，所謂元年，強調的是指其在短期間之內，大規模熱情爆發的獨特現象。

上述所提這些因素，具體而微的表現在二九三所新校園重建之上。這也是很多建改會同仁多年來最重要的回憶之一。當民間認養共一〇八所的倒塌學校中有些已經重建完工時，政府負責的一八五所卻無一間破土興建，足足慢了半年以上。學校不純是建築物，它是有急迫需要恢復教學教育功能的所在，各界抨擊之聲不斷，上級長官更是聲聲重磅催促。但是很多有理念的建築師與專業人士以品質為重，希望不要因趕工之故，依循過去傳統公共工程低價搶標的方式，建出一堆平庸的校舍。這真的是兩種想法兩種心情，更有人落井下石，怪責因為推新校園運動、遴選優良建築師、採專案管理（ＰＣＭ）、審設計書圖、採最有利標等措施，致使施工期壓縮、核定經費緊、廠商意願低，造成流標多等等。整件事情到了二〇〇〇年年底終於全部搞定，並出版學校重建的分類控管雙週報，做統計要覽，重建進度一目了然。事情做順了後，進度就快了，而且原來的理想也沒打折，兼顧了品質與效率，最後也是因為這些堅持，獲得了更多建築獎的肯定。這些重建學校在過去二十年來，都已成為國內外的參訪地標，可見當年心有熱情又富理想的建築師朋友，在學校重建上不只已獲得非凡的成就，更成為年輕一代建築師與有心人的學習典範。在這件令人心情沸騰的重建過程中，我們都是見證人，今天又能看到當事人出來講述這一段精彩感人激勵人心的故事，真是令人欽佩。

序

九二一後，臺灣前進了多少？

●吳思瑤／立法委員

九二一發生的那年，我正擔任國會幕僚的工作。臺灣經歷前所未有的災變，但由於欠缺一套整合性的救災體系，政府只能以頒布「九二一緊急命令」的政策手段，來執行尚未具備法律授權的國家權力，以利救災。舉凡重建經費籌措、緊急補助核撥、央行貸款、安置土地之取得、災區重建簡化行政程序、徵調國軍、向民間徵用救災所需軟硬體、增加特定區域管制權限以及加重處罰利用災害而為之不法行為等，得以擴充公權力，俾利進行各項救災與重建工作。

那時我是一位才二十幾歲、進入國會服務沒多久的年輕助理，難以想像臺灣這樣一個邁向現代化的進步國家，居然對於國家級救災沒有足以發揮作用的全面性政策工具及法律制度。「土地人民受傷了，為何國家的救災體系竟也是如此孱弱？無法提供即時必要的協助？」二十年前的我深感震撼。

於是，跟著當時的老闆李文忠立委，投入「災害防救法」的立法工作，為了採納更多的社會意見，也結合各類專業團體，投入籌組「促進臺灣公共安全聯盟」。我人生第一次接觸許許多多的專業人士，如土木、結構、水利、應用地質、水利技師與建築師……等，就是始於九二一震災，不過當時我參與的工作，多數是接觸攸關建物安全的法規補強議題。

在探討災害防治與安全議題的政策檢討之外，九二一大地震更給予臺灣各界在建築建設面向上，一個啟動全新思維的契機。一群教育改革團體、建築師、社會專業團體與教育部開始合作倡議，全臺災區共有高達二九三所各級學校亟需重建，但校園重建不應只是工程搶救與校舍重建而已，這是一個教育革新的生機，應該在災後重建的新校園上做出根本性的改變。

二〇〇〇年五月二十日新政府上任不久，由教育部長曾志朗宣布「新校園運動」作為災校重建的行動主軸，發布「給全國建築師的一封公開信」，果然號召具有創新理念與設計能力的建築界菁英投入，在范巽綠次長擔任整體政策負責人的擘劃下，致力於結合災區重建與形塑教育新價值，打造出臺灣到目前為止都難以超越的社會集體創作。

從建築設計著手，我們可以看到教育理念的創新。從校園的設計端導入「公共參與」、「校園開放」與「環境永續」的精神，更將校園與在地地理、歷史、人文、生態全面鏈接，讓教育的實踐「軟硬合一」，硬體的校舍建築與軟體的課程設計互為表裡，緊密扣合。

「新校園運動」更讓我們看見只要執政者有遠見有魄力，公共工程的招標作業是可以更前瞻進步的。在教育部的堅持下，當年災校重建勇敢打破長期以來的「最低價迷思」，轉而採以「最有利標」的作法，聘請具「實務經驗」的專家學者評選出優秀建築師與施工廠商，一路推動下來，具體改善了公共工程品質，諸多新校園運動的成功案例都成了至今仍讓人稱許的建築典範。

在滿目瘡痍的重災之下，這項建築改革行動重建的不只是國家硬體建設，也是官僚體系心理的轉化與再生，對公共建設服務帶來新生力量與希望。

「新校園運動」對我來說，亦是一場公私協力、官民共創的社會改革運動。上天沒有虧待臺灣，在一場無情的災難之後，祂同時也賜給這片土地一份珍貴的禮物！

九二一至今二十年了，新校園運動在臺灣各地發揮正向影響，逐步推展邁向「五・〇版」。而我，也由當時的國會幕僚磨練成為國會議員。

由於個人對建築美學的興趣，我一直矢志為提升臺灣的公共工程品質推動更多的創新，研修不合時宜的《政府採購法》就是我競選立委的重要政見之一。

這或許是歷史的弔詭與諷刺吧。一九九八年上路施行的《政府採購法》與二〇〇〇年開始推展的「新校園運動」年代接近，但代表的思維及運作的本質卻是天秤的兩端，天差地別。

《政府採購法》以防弊大於興利的角度作為立法核心，長久以來被視為惡法，阻礙臺灣進步；但「新校園運動」卻能在立法後不到兩年內，以行政手段進行全面的法規鬆綁，為評選最優質的建設設計而勇敢提供諸多彈性與誘因，其中採用「最有利標」就是最大的突破。

但縱使「新校園運動」提供了一個正向的建設示範，二十年來，這樣的進步作為並沒有發揮全面性的制度擾動效應，僅局限於教育部門的個案，更可惜的，因為政權更迭、人去政息而讓良好的運作經驗無法永續，甚至退化而歸零。

我擔任立委後，邀集對建築改革、採購改革與我有相同熱情與理念的專業團體開始研議《政府採購法》的修法工程，其中不乏當年參與「新校園運動」的前輩建築師們。我自期，立法工作者必須回應時代的要求，我也深知，若沒有從法制健全的方式切入，公務體系無法穩定落實與時俱進的採購作為。也就是，「人會走，但制度要留下來！」

但我同時也明白，政府採購改革也不能只靠修法，翻轉科層體制思維、革除採購文化陋習，更需要行政的整體配套，多管齊下齊頭並進。

而適逢政府規劃推動「前瞻基礎建設」，我認為這是一個如同「九二一新校園運動」一般，一次大規模的、需要公私協力的社會集體創作，機不可失。我完整整理「九二一新校園運動」的採購執行經驗，向行政院長提出質詢：「前瞻建設要成功，需要前瞻的採購制度」。我認為這個高達八千億的政府硬體建設、軟體公共服務計畫，不能葬送在錯誤的採購經驗裡，它同時更可以是採行並創造新的採購制度的絕佳契機。

在與建築改革社及各建築、設計、景觀、工程與藝文團體研議多時後，我們共同提出「修正政府採購法」、「調整設計費率與合理工程造價」、「制定合理工期」、「精進採購評選機制」的四大目標，準備進行長時間、大規模的改革抗戰。

今年（二〇一九年）是九二一震災的二十週年，同時也是《政府採購法》上路跨過二十年的特殊年分，思瑤與夥伴們一同努力，歷經九百四十一天的奮鬥，數十場會議的研議，終於在今年四月三十日通過《政府採購法》的修法，改革不再是空談。

此次修法重點有五大面向：

一、確立以最有利標取代最低標，追求品質，讓專業說話。

二、導入外部力量，成立一定金額以上招標案的「採購前期工作小組」，提升各級政府採購案的合理性、可行性與專業性。

三、檢討提升採購評選委員會的公開、公平與專業，並建立必要的利益迴避及退場機制。

四、藝文採購排除適用、脫鉤處理，保障藝文採購的特殊性。

五、為防堵不肖廠商提供更周全的法制配套，同時也務實檢討各項裁罰應更符合比例原則。

新法由蔡英文總統於五月二十二日頒布施行，臺灣終於能夠告別「防弊大於興利」、「便宜是王道」的落後採購思維，走向追求品質、崇尚專業、與國際接軌的全新階段。

而事實上，此次修法的核心精神，其實多是遠在二十年前的「新校園運動」就已試行，且累積出良好成效的採購經驗。而這樣的蹉跎與等待，竟付出長達二十年、產生無數劣質公共工程的慘痛代價。

修法完成的三讀感言時我說：「臺灣需要改革除了制度，更是人心」，「這不是一百分的修法，但臺灣終於踏上改革之路」，「改革不是始於修法，更不會止於修法。」

二十年前我參與《災害防救法》立法，見證新校園運動；二十年後的今天，我投入並促成《政府採購法》修法，並期待將新法內涵導入不論大如前瞻建設，或小至一般性採購的各項政府硬體建設與軟體服務。

九二一後，臺灣也許沒有前進太多，但我相信，新的躍進正在發生，也將持續發生。

主持公共工程採購評選制度座談會。

序

在荊棘中緩步前行，一條充滿使命感的改革之路

● 陳柏森／前建築改革社社長、前行政院公共工程委員會副主委、P Space 創辦人

建改社是由一群參與「新校園運動」之年輕建築人所組成。在九二一大地震重建過程中，當時教育部范巽綠政務次長以前瞻性之甄選制度，鼓勵這群建築人參與新校園運動。當重建工作逐漸完成，他們有感於政府對於建築工程法令、合約之不合理規定，使具理想性之年輕建築人在執業過程中受到極大掣肘，因此在二〇〇六年，他們集合了學界與業界的優秀建築人，籌組以改革不合理之建築相關法令制度為目的之社團，同時推舉德高望重的陳邁建築師為創社社長。我雖然沒

有參與「新校園運動」，但多年的執業經驗，及與陳邁之私交，在精神上亦屬建改之一員。

同年五月，我正準備前往行政院公共工程委員會服務，遂建議他們應正式登記為合法社團，以便與政府對話。

二〇〇六年六月我進入工程會服務，即進行一些改革，其中政府採購法之勞務採購合約範本規定極不合理，此合約範本屬部會所訂辦法，法律位階不高，卻實質影響頗大，遂成為改革之首要選項。進行過程中我亦請建改社派成員參與討論，陳邁和王紀鯤提供一些意見，徐岩奇和呂欽文則幫忙條文修改，對我推動此項工作幫助極大。但僅修改十多條的合約範本，也耗費了近二年，直至二〇〇八年五月十六日才由行政院公布，可見推動二十多個部會保守的採購單位調整觀念之不易。

二〇〇八年五月我離開行政院公共工程委員會，仍不時參與建改社之活動。二〇〇九年經他們邀請，我遂在創社社長陳邁之後，成為第二任社長。

建改社同仁不但致力於不合理法令規章之改革，對建築教育、文化，或建築師考試改革，亦付出許多貢獻。大家堅忍，緩步前行，近幾年因吳思瑤立委之力挺，逐漸獲得突破性之成就。

面對保守之官僚體系，改革本來就不易。建改社同仁多年來以堅忍及使命感，持續付出之精神令人敬佩。我衷心希望更多具理想熱忱的年輕建築人能加入這改革行列，為後輩營造更合理之執業環境。

今年適逢九二一大地震二十週年，建改社同仁出書紀念這艱辛之奮鬥過程，但可惜創社社長陳邁先生卻於今年四月往生。此書之出版亦表達對他的追思與敬意。

前言
因九二一而凝聚的奉獻與力量

●徐岩奇／建築改革社社長

關於這本書

今年適逢九二一大地震二十週年，建改社出版《九二一地動綻開的花蕊》一書有特別的意義。正在籌劃出書的當下，原本陳邁先生預計要為出書寫序文，但是過程中他在進行化療，不久傳來陳邁先生過世的消息，各界哀痛不已！出書的架構內容也跟著變動，增加用以記錄陳先生與建改社關係及致敬文，其他仍然維持原計畫。本書的編輯區分成四塊：PART1為在廢墟中綻放，「新校園運動」的偶然與必然；PART2為改革是永遠的進行式，「新校園運動」的演化和挑戰；PART3為不只是建築改革，更是社會參與；PART4為建改精神的傳承。

參與編寫的作者，跨越不同世代，不同身分。有經歷教育部主導的重建，文章多表示肯定，對未來樂觀，也有參與地方主導的，顯得困難重重與挫折悲觀。有建築師、學者、評審、業主、記者，也有新生代看這段過往，對未來展望。有後九二一開枝散葉後在臺南、高雄發生的新校園運動現在進行式。有參與社造、關注原住民部落重建，也有關注國土景觀。這本書內容收錄百花齊放，盡可能尊重原作語詞，希望忠實呈現災後重建的豐富性，並且不只是可見物質的重建，也關乎精神的重建。當時這批新校園面對維護管理、節能、實用等課題仍存在不少缺點，各界給予批評也屬正常，實質重建的成果不必過度神話，當作是歷史的一部分，期望未來做得更好。

最重要或許是所受的精神感召，二十年過去了，這群夥伴仍持續參與各類社會改革運動，奉獻在公共事務上。只要社會群體組織在，改革似乎不會有Ending，這種開創性與樂觀的ＤＮＡ，即源自「九二一地動綻開的花蕊」，經歷最深刻的天災與自省，因那場大地震而改變，有著寫不完的故事。這本書目的不只為寫回憶錄，而是誠如龔書章兄所說「推向一個更有未來的願景」。

關於建改社

建改社的前身為「九二一新校園運動合作社」，當時召集人呂欽文建築師強調「合作」，預言了往後建築人打團體戰的必要性。於二〇〇六年改組成立「建築改革社」，於二〇〇七年正式登記成立，成員已不再只是新校園那批人，而是擴大邀請各界參與，更直指臺灣建築界需要改革，包含制度、公會、考試、教育，才得以釋放自由揮灑的空間。後九二一這批成員不只停留在校園重建，而是開枝散葉，影響拓展到各領域，也和景觀界等結盟，共同推動各樣改革。

當時的參與者被稱為「曾經攜手共同為校園重建努力的夥伴」，如今在各個領域擔任重要領袖，包含有閣員、立委、監委、建築系主任、教授、校長、公會理事長。當時最年輕的我三十五歲，如今接起建改社長大任。被稱為新校園運動之母的范巽綠，之父的林盛豐，及受九二一栽培的那批跨世代的「年輕人」，至今還是緊密連結。後來再加上以行動支持建築界修法，在立法院的吳思瑤立委，及更多年輕建築師、學者陸續加入，建改運動被視為建築界最有行動力的一群。建改社員、社友，以及在臉書平台的朋友們在不同位置持續關心著建築、跨領域美學、教育議題、文化推廣，從地方到中央政策支持建改。

外界對建改社推動修正採購法印象特別深，以為建改社只關心公有建築（公共工程）這區塊。誠如陳柏森先生所說，建改社做的正是最困難的。曾梓峰老師說這是最核心、最源頭的。走過這段路的建築人，方能明白其原因，因為採購法牽動著年輕人的未來，以及政府建築政策的指標，我們促動一群人關注，優先從這個議題切入帶領改革的方向。另外一塊施力最深的就是建築師考試改革，這是陳邁先生推動最久的，希望考試不要再成為年輕人的桎梏。近來建改社被動地又參與建築法修法，牽涉監造權責、第三方的議題。

誰是建改人？

「為下一代年輕人」逐漸成為共識，並且打動很多人願意投入在公共事務，也是把自主性強的建築人凝聚的關鍵。建改社員也早已不再只是當年九二一那群夥伴，更擴大到行政、營造業、景觀界等的參與，並且積極栽培年輕人接棒。

建改社理監事組織鬆散，沒有清楚的社員名單（失聯的不在少數），運作經費多來自於捐獻，且捐款的人很多不是社員，只因認同其理念，建改社員又好像無所不在（FB平台社友將近一萬三千人），在各個角落推動建改理念。若存在任何私心，團體就會土崩瓦解，且很難具有影響力。或許需再一個二十年的回顧，持續檢驗建改社的創社宗旨！

PART

1

在廢墟中綻放，
「新校園運動」的偶然與必然

開啟新想像，打造未來世代的多樣化學習空間

——「九二一新校園運動」的歷史意義與未來展望

● 范巽綠／教育部政務次長

今年正值九二一大地震二十週年。二十年前上萬名國人傷亡，數萬人流離失所，也導致全國一五四六所學校校舍受到輕重不一的損害，二九三所校園全毀，占中部地區將近三分之一校舍數，嚴重暴露校園建築的長期弊病，卻也為臺灣啟動了校園活潑化、多樣化與現代化的契機。

回顧二十年前，我從立法院教育文化委員會轉任到教育部，參與了這個校園重建的工作，也看到這二十年來，臺灣中小學校園從建築空間到教學現場的點滴改

變。或許可以說，新校園運動開創的價值，不僅促使校園建築與環境外在形貌的改變，也是一種追求校園內溝通、對話，鼓勵創造和多元價值的轉變，成為全盤翻轉校園空間與教育內容之間，交互辯證新思維的歷史起點。

價值轉換：為下一代蓋所好學校取代快速重建

「為下一代蓋所好學校」是當初支撐新校園運動的內在核心價值。新舊政府對九二一重建工程有截然不同的價值取向。大地震剛發生時，不論公私部門，快速重建是第一要務，有人甚至建議重新採用一九六八年傳統標準圖的方式，快速完成重建；但二〇〇〇年政黨輪替後，我們有不同的思維，認為在非常的破壞之下，正好給予非常建設的機會。在民間團體的倡議，加上建築專業的力量，共同提出「新校園運動」的主張，成為後來改變全臺灣學校建築規劃視野與樣貌的新契機。

「為下一代蓋所好學校」的理念與目標，在大地震後沒多久，民間團體就已經開始醞釀與倡議。人本教育基金會、臺大城鄉基金會、專業者都市改革組織（OURs）和象設計集團等民間團體，在一九九九年十月二十四日提出「創造性的校園重建計畫」，當時我即以立法委員的身分參與討論。這股民間匯集的能量，協助我進入教育部服務不到十天（二〇〇〇年五月二十八日），即與教育部內包含國教司、總務司與中部辦公室的同仁，發展出完整的「新校園運動」構想，向當時的曾志朗部長報告，部長隨即於隔天宣布「新校園運動」作為災校重建的方向，也從此開展九二一新校園運動的重建腳步。

這個快速與精準的決策，為的是把時間留給學校、社區和設計團隊。雖然社會氛圍期待重建工作儘速完成，但考量一所學校是提供無數世代孩子教育的場域，要具備最為先進前瞻的思考，充分滿足社區需要，展現在地歷史與文化傳承，更需考量生態環境的條件。我們知道營建工程可以透過有效的專案管理來加速工期，在這個前提下，公務部門團隊將士用命、盡其所能地以專案專件方式，加速各項行政流程，擠壓出最大可能的設計時間給建築師團隊。當然，這些經由教育部和臺灣建築設計專業領域前輩，包含漢寶德、陳邁等共同邀約而來的年輕建築師團隊，成為共同打造新校園運動的生力軍。這些專業訓練精良、充滿熱情與使命感的年輕建築師們，也成為持續關注臺灣教育學習空間議題，和教育行政團隊一起參與改造中小學校園的好夥伴。

此外，要特別感謝遠東集團「徐元智紀念基金會」為鼓勵優秀建築設計人才，倡導整體環境再造，並引導國際建築界重視臺灣建築發展趨勢，徐旭東董事長於一九九九年創立「遠東建築獎」，二〇〇〇年為鼓勵「九二一新校園運動」的突破創新方向，特別與教育部合作，在建築獎中增列「遠東九二一校園建築獎」，共舉辦三屆，二〇〇三年並出版《大破大立》一書，收錄三屆的得獎作品，以鼓勵投入九二一校園重建的年輕建築師們。

突破、創新與傳承：從新校園運動一・〇到五・〇

九二一校園重建，改變的不只是一個作法，而是一種思維，一個價值取向。它不只賦予校園規劃新的想像，讓校園不再只是生硬、充滿行政管理意圖的建築，

而是能因應不同的地理人文歷史脈絡、在地社區的不同需要，創造出不同的景觀設計和特色。山區的、海邊的、農村的，多樣貌呈現文化族群的色彩，融合演繹出當地自然人文風貌的特色校園。

此刻重新反思九二一新校園運動的精神，我們可以這樣說：支援教學需要，以使用者學習為根本，才是這個運動帶給我們，推動校園空間改造的核心價值。

九二一校園環境改變，也帶動另一股更鼓舞我們的創新思考能量——即是如何從校園環境美好正向的改變，進一步地以校園空間環境硬體的設計思考，引導對於啟發孩子思考與學習活動，有著本質地翻轉與改變。也就是說，從使用者需求和在地特色所出發的校園設計活動，如何能夠融入在每日的學習活動中，讓環境空間和課程結合，使空間成為帶動學習經驗改變，翻轉孩子成為學習主體的觸媒？在這個重新思考校園建築空間意義的過程中，對所有第一線的教育工作者，也是一種全新的學習與考驗。

如今回想起二十年前的那場天災給臺灣社會帶來的挑戰與機會，我們感到欣慰的是，臺灣社會的活力與熱情，在面對種種磨難與考驗，仍不忘追求集體共好的善緣意志，讓我們得以藉由集體的智慧與力量，以九二一新校園運動的重建過程，凝聚出臺灣校園建築與教育轉折的新起點，並且讓這股積極尋求創新與突破的能量，可以持續地在教育工作現場傳遞溫度與智慧，跟上全球最新的變局。

衡諸國際上最新發展的教育趨勢和思維，臺灣第一線的教育工作者，也正緊緊地在這個浪頭趨勢中，持續努力著。就以我自己從教育部到高雄市政府教育局，再重新回到中央政府的這段服務期間來說，新校園運動所帶來的影響持續發酵著，影響後續全國的校園規劃方向與政策思維。包括中央政府所打造的全國永續校園計畫（新校園運動二・〇）、臺南新校園運動（三・〇），二〇一三年高雄提出「新都市校園運動」（四・〇），二〇一七年則推出了打造未來世代學習空間的「新校園運動五・〇」。這些不同階段的校園營造背後都有一脈的思維，都蘊含著我們對於教育和學習想像的改變。

打造未來世代學習空間的新趨勢

因應一〇八課綱上路，新校園運動五・〇肩負著構建未來世代學習空間的新使命。針對教育與學習，新課綱在整個課程教學方針上，有著全盤根本性的翻轉與改變：以學生核心素養的課程發展主軸，著重培養學生真實運用知識的能力，強調校訂必修，依據學校願景與特色，讓高中生可以透過專題、實作與探索體驗等等多元活潑的學習方式，掌握自己的學習步調與模式。

這個以學生學習為主體，引導其從小自我探索與自發學習，正是全球發展的趨勢。我們面對的，是如何打造未來世代學習空間的新需要。換言之，學習既然已經無所不在，孩子們是學習主體，他們可以隨處地討論，從傳統固定的教室，轉而在校園各個角落、在圖書館、專科教室、自主學習空間，甚至在用餐、休閒空間裡，應用數位科技工具，進行自主學習與同儕對話。也正因為校園中處處有學習，打造好學校裡的不同空間，讓校園每個角落都能對話，甚至激發創意、促進自主學習與交流互動，都是新校園運動五・〇的主張與目標。

回首教育部近年來推動的各項計畫，實則都深刻蘊含著這樣的概念主張：當我們進行校園老舊廁所改造時，不僅要給孩子們更舒適友善的環境，更企圖引進美感融入教學的思維；我們推動將校園圖書館作為「社區共讀站」，不只想創造學校與社區多世代共學空間，也回應著當前臺灣高齡化社會「青銀共創」跨世代學習模式。

未來，有三個重點：

一、美感／設計教育的持續扎根，包含發展跨域課程、教材、教具之設計，以及校園美感環境再造，例如交通大學正在進行的宿舍、圖書館的改造。

二、生活空間的創新設計，包含宿舍、運動、用餐空間，食育文化的改造等。

三、結合數位學習，教室與多樣態學習空間的翻轉與創新。

放眼世界各國，在推動教育及學習創新領先的地區，如芬蘭、丹麥等北歐國家，甚至是近年以設計力和文創產業引領風潮的韓國，在今年的參訪中，我們都觀察到，進步優質的教室空間設計對學習效能的增進，在教室裡每個學生都是主角、都是參與者，這也是即將上路的新課綱「自發、互動、共好」強調的精神。

教育，是一條持續充滿祝福的路徑

回顧了這二十年來，臺灣教育行政體系與中小學校園關鍵性的改變。我們為臺灣中小學校園擘劃的美好想像願景，不僅需要時間累積，隨時反映新世代的變局，我們更需要有懷抱著這些信念與價值的夥伴，持續投入，共同努力，除了教育行政的團隊外，建築設計領域專業者的持續參與，也是協奏著校園空間美麗變奏曲的共同創作者。

猶記得當年我和重建會林盛豐副執行長離開公部門，和當年一起投入新校園運動的民間夥伴特別成立了「建築改革社」，延續九二一以來這股思潮與社會力，在臺灣後續幾波的校園及都市景觀改造中，持續發揮關鍵影響力。我要特別感謝大家當年的洞見與付出，也期待這本新書能成為綜理時代發展脈絡的扛鼎見證。

教育，是祝福，是送給下一代最好的禮物。從過去的挑戰與磨練走來，邀請大家懷著願景與期盼，共同參與打造臺灣未來世代的學習空間。

曾志朗部長和范巽綠政次巡視災區。

恐龍如何學習貓的靈敏？

——九二一新校園重建的關鍵政策

● 林盛豐／監察委員、前九二一重建推動委員會副執行長

九二一大地震，地方政府包括縣市政府及鄉鎮公所權責範圍內的辦公廳舍及國中小學大量震毀。災區校園全倒者有二九三所，學生人數合計三萬四千人，此次地震若發生在白天上課時間，將會有多少傷亡？長期以來的草率規劃、草率設計、低價搶標、缺乏專業，潛藏了這麼一個可能導致數萬學童喪命的危機。幸運的是，地震來的時候，學生不在教室裡！

產生低品質教室的機制

到底是哪些原因導致大量低品質的教室不斷產生？而任何試圖突破的提案，不但馬上被各級行政官僚的反對意見淹沒，甚至以將被檢調起訴為由而堅決反對呢？主要有以下四點原因：

一、人口成長無法預測，教室零星增建。

二、教室興建預算低單價。

三、好建築師不參與公共工程，各校零散新增的教室、預算少、設計費僅數萬元，結果只能草草設計。

四、低價設計，又低價搶標。當時各級政府的行政官僚，都認為公共工程招標，價格標是原則，合理標是例外。各縣市政府常依設計費給付相關規定打八折以示節約，所以設計監造費偏低，工程發包則又以最低價標為之，偷工減料在所難免。

零散成長的校園由設計費極低的建築師草草設計，而營造廠一開始低價搶標，後續必須偷工減料才能有利潤，大量低品質的教室就這樣被製造出來。其實地方政府其他公共設施的生產過程大同小異，包括各種辦公空間、警察局，消防隊的廳舍等等，也在這次地震中大量被震毀。

新校園運動的三大突破

九二一震災之後，重建會與教育部，針對上述公共建築生產流程的嚴重缺失，提出三大對策，以確保重建的新校園，能有最高的設計與施工品質。

三大對策如下：

一、營建管理顧問（PCM）之進用

各級政府之行政人員面對各種建築、營建工程，缺乏規劃、建築設計、遴選建築師、發包、監工的經驗，再多的行政人員開會，也不會做出正確的技術決定，所以PCM之引進絕對是必要的。

二、優良建築師遴選

或許有人認為公共工程都依據採購法公開遴選，選出來的建築師當然是優良建築師。其實採購法的公平、公開精神，還必須用心運用才會有正面效果。首先，建築師的設計條件，包括設計費、監工成本、設計時間是否合理？（沒人敢給予優厚的條件，一定要給最低的條件常常是承辦人員的共識）設計方案是否有理想性？評審是否具有公信力及專業良知？

這次教育部的建築師遴選，提出新校園運動的進步宗旨，確保了合理的設計費，遴聘了一批極為專業的評審委員，終於帶動了國內一流設計好手熱烈參與競圖。

三、採用最有利標

最有利標的精神，是廠商得以最佳方式，達成甲方所提之要求，其方式由乙方提出，而由甲方依先定之遊戲規則判定對甲方最有利者得標。

以往普遍被採用之最低價標，表示甲方最關心的是價格。創意及品質由建築師之設計監造確保，工期則由契約確保。但真實的結果常常是草草設計，所以施工時常需要修正，造價一再追加，工期也延後。這次校園重建對施工及結構安全與限期完工的諸多要求，完全無法冒低價搶標的風險。負責設計新校園的建築師，一致強烈要求以最有利標的方式招標，在諸多前置作業及折衝之後，終於獲得此一突破。

九二一重建委員會的角色

九二一重建委員會在所有重建工作中的角色都是一樣的，就是目標管理，進度控管，以及與各部會和各級政府重建行政之統籌與協調。九二一災後的校園重建讓教育部面臨了前所未有的危機，國中小學全倒數量龐大，而且又是縣市政府的地方自治工作項目，假使只是政策指導，地方政府則早已超荷。但是若實質介入，教育部的行政、專業人才，卻又無法應付此一局面，

教育部之直接介入執行校園重建，發生雖介入而無法負責之局面（如學校之行

政體系，仍要逐級蓋章，學校覺得無權有責，議論紛紛）。教育部提出的三大突破雖然解決不少難題，但是任何突破必有大量的配套作業等待處理。以最有利標為例，對教育部內部及負責ＰＣＭ之營建署發包業務之同仁而言，均屬第一次承辦之業務，因此承辦人員特別謹慎，公文來往反覆，難以決斷，就產生了大量的工作量。

九二一重建委員會發揮了一個功能，就是以支援教育部新校園運動的理念為前提，儘量壓縮所有相關行政流程的時間，密集開會，解決第一線同仁之溝通、責任分工與責任承擔的問題。關鍵決策人員密集開會，當然解決了不少問題，至少教育部的三大突破，得以不在強大的行政慣性裡胎死腹中。這些協商自法律釋疑、責任分工、預算分配、各項前置作業時程管控，各式危機處理，千頭萬緒。

校園重建涉及公共工程委員會對工程項目及預算之核定、採購法之解釋，主計處之預算核撥、兩個ＰＣＭ，亞新工程顧問及內政部營建署對其ＰＣＭ工作之範圍認定，及營建署ＰＣＭ對最有利標之操作，七、八個縣市政府、上百個校長、建築師、營造廠以及建管、土地問題、防災技術問題等等之協商、釐清。其問題之繁雜，如何化繁為簡，是每個參與者的挑戰。重建委員會作為教育部的後盾，全力以赴，扮演了一個協商平台的角色，有效縮短了行政的流程。

校園重建起步晚，卻是重建品質最高的公共建設

教育部推動新校園運動，就像一隻恐龍想要學習一隻貓的靈敏。這一次校園重建，政府與民間均共同參與，好像是一場比賽。

民間如慈濟這樣的組織，其決策流程如下：

決定認養學校→尋找一流建築師→規劃設計→籌款→尋找一流營造廠→發包施工

目標明確，動作迅速，就是要最好的建築師、最好的營造廠、最短的工期。

但是教育部的動作如下：

彙總災校全部資料→公共工程委員會現勘及報核各校災損預算→行政院核定→依採購法遴選ＰＣＭ→各校彙總所有設計背景資料提出建築計畫→遴選建築師→

確認建築設計→遴選營廠→發包→施工

整個流程比起民間協助重建的流程，繁瑣不知多少倍。

政府部門擔心的是各項相關程序是否完備？預算是否浮濫？是否符合採購法等等問題，沒人關心建築師好不好、營造廠好不好、只要「依法」即可。而輿論最在意的工期，卻是政府最無可奈何的，因為無一程序可免。

教育部的動作，涉及所有學校資料的彙總、核定以及三次採購（PCM、建築師與營造廠），三次採購都是新經驗，這麼繁雜的流程，進度晚了民間整整六個月。恐龍無論如何也無法與貓比敏捷，如何讓恐龍瘦身成為貓，是我國行政革新的大課題，整個政府的形象，在這段期間，因此而備受責難。

可喜的是新校園運動的諸多理念與創新作為，在紛紛擾擾後終於以亮麗成果呈現在國人眼前。教育部負責的新校園無論在進步的理念，創意、設計及施工品質，沒有輸給民間認養的校園。而能有這些成績，是因為對三大政策突破的堅持，這些校園就像地震後盛開的花朵，在許多偏遠的地區，給人意外的驚喜。

這些新校園代表大人給災區小孩應有的關愛，代表新一代建築師與教育改革者

林盛豐政委和行政院游錫堃院長巡視。

理念的落實。許多規劃良好的校園空間，因為在規劃過程中的社區參與，落成後成為社區活動中心，而且也成為新的觀光點。

這一批校園絕對是九二一災後重建中最大量、最具標竿意義的公共建築，而當時參與校園重建的年輕建築師，成立了建改社。建改社對政府的相關立法、政策長期以來積極提出針砭，大幅提升政府營建技術官僚與建築專業的正向溝通。他們長期持續的參與公共工程，關心相關公共政策，是推動臺灣建築專業提升的一股重要力量。

廢墟上重新綻放的文化花朵

——災後重建的反思與期望

● 夏鑄九／臺灣大學建築與城鄉研究所名譽教授

一九九九年南投九二一地震帶動的災後重建，廿年後反思，徐岩奇邀稿，簡述心得。

九二一地震是臺灣廿世紀末發生的最大地震，地震後的反應，民間先行於政府，作為一個非營利性的社會團體，慈濟先於政府相關部門的反應，第一時間就到達地震現場有組織地承擔起救災工作。作為建成環境的營造領域專業者，建築師與各民間營造廠，尤其是專業者密度最高的北部地區，不分地方與先後，都因為這場巨大的災難而社會動員。前事不忘，尤其作為專業技能的積累，確實值得反思。

首先，政府政策是關鍵所在。政府應對政策是災後重建的第一考驗，臺灣在這方面的反應有不少需再提升的地方，譬如說，過分拘泥於法令與形式化行政程序，對於產權劃分、地界勘定，以及原住民族群文化價值尊重方面，造成的民怨與衝突，所在多有，尤其，隨著選舉造成政權更迭，混亂更顯，但此不是今天為文的重點。這部分最值得記取的正面經驗在於校園重建部分。藉著災後重建的特定政治與社會條件，一向行事保守的教育部，在政務委員林盛豐與政務次長范巽綠的合作推動下，能夠一改最低價得標，採取最有利標，形成專業者得以充分投入的「新校園運動」，是政府政策上最重要的改革嘗試。可惜的是，這點制度改革，隨著災後重建工作結束，日後又被官僚體制回復了工程行政保守之常態。

其次，重建過程與程序把握。地震災難與社會動員催動的災後重建，造就了特定的社會與政治過程中的計畫案，救災與重建過程時間緊急，然而，工程營造尺度與經費龐大，不宜應急搶建，留下難以收拾的後患。在程序上仍然必須：規劃先行，設計隨後，營造跟上，最後管理落實。舉例而言，即使是校園尺度，規劃先行，也必須先行研擬建築計畫書（architectural programming），研擬計畫書更宜有使用者參與，校園使用者中，學校校長與老師們是最重要的參與者。這部分若有疏漏，經常就是日後建築師的設計不接地氣，使用者抱怨的要害。這部分的經驗積累，對於緊接著二〇〇八年四川汶川地震爆發，臺灣專業者越界支援工作就發揮了作用。

第三，使用後評估，積累專業技能。作為一種專業（professional），專業技能的積累是必須的制度、知識及實踐技術。為了避免專業行事經常錯誤一再複製，災後重建的經驗，尤其是新校園部分，範圍明確、預算集中、重建過程清楚、基地與使用者不變等條件，最適合立即啟動人與環境研究的用後評估（POE, Post-Occupancy-Evaluation），為臺灣的校園規劃與設計工作累積難得的專業經驗。我那時急切推薦臺大建築與城鄉研究所年輕的畢恆達老師負責此項任務，他是紐約市立大學（CUNY）環境心理學博士，人與環境研究就是他的專長，當是執行此項應用性研究的不二人選，可能是因為評估工作難免涉及評價與批評，可惜意見未被採納。而臺灣的現代建築師，設計過程經常以建築師狹窄的生活經驗與封閉自以為是的美學教條為準則，一旦設計過程缺乏使用者參與，發生事與願違的設計結局也就不足為奇了，這是災後重建建築師參與的大忌。當然，更深的問題根源在於對現代性的反思。[1]不過，後來畢恆達指導的博士論文，郭一勤的博士論文撰寫，就是以此為起點的校園與學校建築的研究發問（problematic），也應該取得了一定的成果吧。[2]

最後，我選用因為九二一災後重建的社會政治過程而更名與重建的，過去的日月潭光華島——以前與後來的，邵族祖靈居地（dwelling place），邵族母社之一，女祭師求巫處（ritual setting），即，祖靈庇佑，文化根源，認同地標，神聖地景，日月潭水中央的拉魯島——用它作為邵族參與式設計的活化修復，九二一災後重建與社區營造之空間象徵，[3]以呼應本書書名《九二一地動綻開的花蕊》，這是災後廢墟上重新綻放的文化花朵。

日月潭水中央的拉魯島。

註

1——可以參考：夏鑄九口述，柏蘭芝整理（2013），〈從規劃設計看臺灣〉，《國際城市規劃》，28期，4月，頁：3-9。

2——可以參考：郭一勤（2013），《從校舍到校園——臺灣小學學校建築的論述與實踐歷程（1980-2001）》，臺灣大學建築與城鄉研究所博士論文。

3——這部分的災後重建計畫，臺大建築與城鄉研究發展基金會的張興傑與蔡筱君做出了貢獻，可以參考：蔡筱君（2000），《拚桌——規劃室到基金會十年輯》，臺北：臺灣大學建築與城鄉研究發展基金會。

尺度院落與大樹場所

——九二一校園後記

● 王維仁／香港大學建築系教授、王維仁建築研究室主持人

二十年前的九二一校園設計，不但是臺灣教育空間改革的重要運動，更代表一個世代的建築師們社會與社區意識的建築思潮，同時也是我個人設計思想發展的一個重要里程碑。在我參與的光隆、福民與中坑三個小學的設計過程中，除了災後重建的社會與社區語境，更因為災後重建組織單位的人文價值，與校長老師家長們的信任，我們的設計團隊能夠突破學校制式教室與操場排列的一貫模式，對重建的校園共同思考探討了四個重要的建築議題：場所、大樹、尺度、院落。

大樹的場所

學校起始於一個坐在大樹下的人，和圍繞的人分享他得道的理解；他還沒有意識到自己是老師，而他們也不知道自己是學生。

——路易斯・康（Louis Kahn）1

路易斯康關於「學校起始於一棵大樹」的名句，是闡述一種未被制度化的知識傳授狀態。大樹成為場所的隱喻，不但是知識傳授的空間背景，也是佛祖菩提樹下得道講經的場景轉化。

記得我們走進災後斷瓦殘壁的中坑小學，第一眼看到四棵蒼天大樹和它們圍合成的校園。至今清楚記得村子裡的小孩騎著單車繞著大樹，一圈又一圈。遠處山坡青綠的檳榔樹林，小孩的嬉戲聲背後，夾雜著夏末無盡的蟬鳴。這樣的場景讓我們覺得，大樹和教室，場地和遠山，應該是我們要保存的永續校園。更寬廣的來看，我們成長過程的學校幾乎都有幾棵大樹，每個人的學校大樹都是他樹下嬉戲或者爬樹的經驗，無論在校門口或操場一角，都成為他們校園場所記憶裡不可分割的場景。

墨西哥建築師巴拉幹（L. Barragan）對建築的場所環境，有過一段現象學式生動的文字描述：

我最早的童年回憶是關於村子附近的農場……，這個村子的供水是由挖空的大圓木以落水管的形式接通，滴水在樹岔構成的支撐結構上，水道橋穿過城市，到達住宅內院，再用石造的大水池來接水。街道上有繫馬的鐵環，覆上苔蘚的挖空圓木，當然滴水流過全城……，那裡沒有攝影師，我祇是留在記憶裡。

巴拉幹這一段用來詮釋其渾厚地域風格建築的文字，也許可以讓我們對「參與設計」提供另一個註腳，最深層的參與，來自對基地及生活敏銳而深刻的體驗。工作坊與說明會是使用者參與的手段但不是目的，正如「模式語言不能保證達到建築的永恆品質」（Timeless Way of Building）一樣。建築在基地上提供的舞台不只是用來滿足代言人的使用需求，更是未來一代又一代學生的生活場景，我們要的參與是像巴拉幹一樣的投入，一種建築對地點，人與生活的承諾[2]。

當時九二一新校園重建倡導的參與式設計，讓我們和校長老師們建立起一種必須對等的夥伴關係。對我來說這些溝通說明是設計過程必然的一部分，但更重要的，是建築師對場地和人的觀察互動、感受與體驗。在中坑和福民這兩所偏遠山區的小學校，因為有尺度的校園和互動的社區，更因為學校鮮明的場所感，特別是建築倒塌後留下來的大樹和地景，成為更深刻的地景記憶與設計的出發點。

尺度的院落

適當的尺度應該受同時大也是小，是多也是少，是遠也是近，簡單而又複雜，開放而又封閉；並且它永遠會同時是部分也是整體，既統一而且多樣。

——阿多・范艾克（Aldo Van Eyck）

在二十世紀現代主義發展的高峰期，面對無可避免的大尺度城市或學校環境，荷蘭十人組（Team Ten）建築師阿多・范艾克是少數能對當時的簡化功能主義提出批判反省的建築思想家。他的作品包括學校、孤兒院和住宅，都表現出理性主義的思考中流露的人性與親切，在一種清晰的秩序下，展現出各部分構成的多樣性的整體。

范艾克一生的創作與教學都致力發展一種有尺度而人性的現代建築。大尺度的建築如住宅或學校應該可以形成一個系統，利用一個或多個基本模組，組合而成為一個集合的形式，其個別單元的認同感，在這樣的整合中反而得到了強化，小的尺度因為大的整體而彰顯其存在。在這樣的集合形式中，小尺度與大尺度之間交互作用的（gears of reciprocity）就是范艾克所說的系統層級[3]。

面對光隆小學這樣五十個班級的大學校和完整的校地，除了配置一或兩排南北排列的四層教室大樓，我們還能夠如何建立一種系統的、適合小孩成長學習的小尺度單元？從光隆小學開始，四合院尺度和序列的組合系統，逐漸的發展成為我的一種型態設計方法。幾個教室圍合成一個教室尺度的開發院落和一棵共享的大樹，成為我們對未來學校空間的願景。

當我們無可避免的面對大尺度的學校環境，如何做到「或小或大」、「簡單而又複雜」、「開放而又封閉」、「部分也是整體」的系統與環境肌理？我們分析傳統城市建築肌理（Fabric）或者型態（Type）的方法，包括四合院的建築肌理與院落型態，除了幫助我界定與發展基本單元型態，更進而成為一種創造性的設計方法，讓傳統聚落的有機性與生命力，組合成為更大的建築整體。

光隆的院落系統

一般大型中小學的設計，多半是一種以四至六層樓的長條或圍合建築體排列，和戶外場地組合形成的空間形式。我們希望在光隆小學突破這種傳統配置，把集中式的大空地分散成每班級各自擁有的戶外空間與穿廊，以不超過兩層樓高的教室交錯安排，使每一間教室外都屬於一個合院和一棵大樹，一樓的教室外是庭院與大樹的樹幹，二樓則有平台花園與大樹的葉梢，小朋友走出教室就是自己的庭院，大樹，平台，沙坑，穿廊。學校的三個主要的教室區與院落如網絡般的穿插連結[4]。

在光隆國小設計的初期，四周是環境多元住宅與產業混合的社區，我們感覺設計構想不容易由周邊環境入手，必需源自由內部形成的空間邏輯。我們絞盡腦汁想，如何讓一個五十個班級的大學校，每一個班級都擁有自己的小院落，大樹與戶外空間。小學生由教室到中庭再到廣場的空間關係，有如城市由住宅到合院再到廣場的經驗，每個合院教室之間半戶外的穿廊，是雨天的戶外活動空間，而每個合院的鳳凰木或蓮霧，每個平台園圃的蔬菜玉米，也都成為每個院落空間的認同特色。

設計期間也是李安的〈臥虎藏龍〉放映的檔期，俠客們在四合院胡同之間穿梭追逐的視覺滿足，我想像著學校應該有這樣豐富複雜的空間關係，小朋友們能在合院，穿廊與廣場穿梭來往，探索成長，而個個都是「臥虎藏龍」。設計完成十八年之後的一個週末，我再度回到學校，小樹已經長成了大樹，每個院子的樹木菜園不相同，冬天的陽光安靜的穿過一個個院落，教室牆上的繪畫和偶爾出現水桶拖把或課桌椅，暗示了教室、穿廊和院子之間生活學習的場景。我的心情由期待和些微的緊張，到鬆了一口氣後的滿足和開心，我知道這些院子現在到處都是臥虎藏龍了。

我們對建築師有什麼期望？我們不期望的是一棟量體巨大而有壓迫感的建築將孩子與外在世界隔絕開來。正相反的是，我們要一個親切，開放的家，這個有趣而外向的形式和整齊而比例適切的內部安排，會給住在其中的小朋友一個安全而溫暖的家。沒有機會讓孩童在其中迷失的無盡的走廊和門道，取而代之的是連繫各種生活與休閒活動的串聯空間，這樣串聯絲毫不會打斷這個居住社群生活的連續性。縱使這個建築有各種不同的構件部分，其最高層次的建築秩序會將各部分統一起來，使各個構件最終形成一個有生命力的生活整體。

——阿多・范艾克

福民和中坑的大樹

第一次我們拿著福民小學給我們的基地圖，走在瓦礫滿地的校園，建築物沒有了，剩下一棵棵大大小小的樹木。圖紙上密密麻麻的，精確的標明了每一棵大小樹木的位置和學名，是劉總務主任在地震後逐一標記在圖上給建築師用的，謝校長詳細的敘述這幾棵櫻桃樹的年分與開花季節。我深刻的體會到，林區《基地計畫》（Site Planning）的教科書裡對場所、社群、生態與感覺形式的交錯敘述[5]。這裡的每一個環境物件：升旗台魚池，鞦韆滑梯，還有每一棵樹木物種，和人與事件，都是他們有意義的生活與生態的整體。[6]

我在草圖上無意識的畫著建築物的可能位置時，線條不知不覺的就避開了這一些大大小小的樹木，我們的建築物在平面圖上的曲折不是因為解構或數位，是因為建築物繞樹而行。因為建築物與大樹共舞，我們沒有太多意識的幾何形式沉迷，最後的建築線條變成在樹木之間遊走：穿廊開圓洞給大樹，餐廳開天井給櫻桃樹，廊道的木地板延伸到大王椰樹幹上，小朋友就脫掉鞋子一路從教室走到樹

臺中市中坑國小。

下……不砍去任何一棵樹就成了支配設計最重要的力量[7]。

我們儘量保留了福民和中坑學校的大樹和小樹，不只是因為生態保育，更因為村民們的集體記憶。無論是福民或者中坑，我們不需要景觀建築師的植栽計畫，因為建築空間就是植栽計畫，因為大樹與建築共舞，超越綠化的指標成為建築地景，與地景建築的敘事空間。

保育大樹不只是一種生態意識，和歷史建築一樣，它們是環境記憶與地景場所的必然。之後我們面對校園的建築設計，無論是香港、深圳東莞，或四川江西，只要是校園裡大一些的樹，我都希望成為新建築的一個整體，讓建築以圍合或者退讓的方式保育大樹。業主和施工單位甚至景觀建築師，常會說這些樹價值不高不如換棵好樹。令我困惑的是樹和人一樣哪有必然好壞？長一棵大樹要二十年是多少小孩的等待？

幾乎每個學校在建築之後，都會配合校園的配置植樹綠化。幾十年下來小樹變成大樹，伴隨著小孩的學習成長，大樹成為幾個世代的校園集體記憶，成為校園建築原型不可分割的整體。在中坑和福民的設計中，我們反過來在地震後，以

《后建築》的大樹，作為新建築的起點，成為我日後建築設計裡重要信念。

學校的舞台與道具

中坑國小的想法源自對後園中四棵苦楝樹的敘事化的詮釋；福民國小則希望保留山林間的一花一木，讓建築在樹木與環境物件的意義中穿梭。面對地點如此明晰的基地，設計的想法是感知的，現象學式的一體。而面對光隆國小的大尺度與新校的相對疏離，必須用一種空間策略和系統來形塑地點。之後我們香港嶺南大學社區學院、東莞臺商學校和香港中文大學的深圳校園，都是透過這樣一種理性的系統，意圖達到一種人本的與可持續的校園空間。

十多年之後我回到當初設計的學校，欣見光隆國小一連串的院落生動如預期，加入了新生活的軌跡。除了小樹變成大樹，平台的花圃變成菜園。過度浪漫的親水池被改成木地板廣場，大樹邊的小盆池因為防蚊填平了，雖然有使用想像的落差，改變卻也讓空間更豐富了。最重要的是串連合院的系統，或者空間的織理關係，持續有力的掌握著場所的架構。中坑國小四棵大樹和繞著大樹踩單車的小孩依舊，而福民國小的想像使用就更真實了：小水池發展成的生態池，逐漸成長的遊戲區與穿廊下，漂流木做成的茶座。

新的使用痕跡持續的豐富建築的生命：我們只是在基地中架上舞台，配置院落與保育大樹，一代又一代的演員才真正要裝置道具，無論是老師、學生或社區，架換布景粉墨登場[8]。

註

1——Louis Kahn：Poetics and Properties of Materials，"Schools began with a man under a tree, who did not know he was a teacher, discussing his realization with a few with who did not know they were students."

2——王維仁：〈另說參與〉，《建築師雜誌》，2001年5月p.151。

3—— Francis Strauven: Aldo Van Eyck / The Shape of Relativity, p.367-379, Amsterdam: Architectura & Natura,1998.

4——王維仁：臺中縣太平市光隆國民小學重建工程，臺灣建築，2003年1月, p. 28-35。

5——Kevin Lynch: Site Planning, Chap 2. Analyzing a Locality, Chap 3. Organizing Place and Action, Chap 4. Site Form and Site Ecology, Chap 9. Sensuous Form.

6——王維仁：臺中縣和平鄉福民國民小學重建工程，臺灣建築，2003年1月p. 60-65。

7——王維仁：大樹拱廊：921大地震後校園重建—臺中縣福民國小，Dialogue, Nov, 2002,p.79-83。

8——王維仁：關於尺度結構，或者，織理與地點的筆記。

為下一代蓋一所好學校

● 黃建興／黃建興建築師事務所主持建築師

一九九九年九月二十一日的世紀強震，震出建築專業者對結構的省思，震出教育界對於學習環境的思考，更不分國界的拉近了人與人之間的距離。我們事務所也因此跨出九彎十八拐之外。

那年十月花蓮慈濟基金會的一紙傳真，揭開了事務所參與校園援建工程的序幕。一開始應邀接下慈濟援建的臺中縣大里國中、瑞城國小兩校，當慈濟由初始認養二十五所學校增加至三十二所時，慈濟林副總執行長滿面喜悅地詢問我：

「你對設計小學校有極高的興趣及經驗，慈濟準備認養南投災區兩所六班小學校，在偏僻山區，路途都很遠，但基地環境條件都不錯，你可以幫忙嗎？」在林副總的信任及有意投入災區學校規劃設計的心願下，接下了南投縣魚池鄉東光國小及中寮鄉至誠國小的校園重建規劃設計案。後來陸續增加福龜與桃源國小及臺中縣霧峰鄉桐林國小等。

在協助慈濟希望工程的十幾家建築師事務所中，我們事務所設計成員當時只有六位，卻「認領」了慈濟最多的學校。加上其他單位援建的南投縣宏仁國中、郡坑國小與新山國小，我們先後承接了十個災區學校的規劃設計工作[1]。由於基地分散在臺中、南投兩縣六個鄉鎮，在雪山隧道尚未通車的年代，我們常經由九彎十八拐的北宜公路，在宜蘭和臺灣中部之間奔波往返，當時滿腔熱血、披星戴月地全力投入，大夥都不覺得累。

上：臺中瑞城國小。
下：南投福龜國小。

宜蘭經驗的累積與延續

事務所一路走來之歷程可追溯自宜蘭小學校園規劃。宜蘭縣政府對學校建築設計的重視，遠從一九八〇年代便著手校園整體規劃可見一斑。懷著回饋故鄉的使命，我們考量地方氣候及材料的條件，表達對自然環境的關懷，自內城、永樂、蓬萊、南屏國小等重新規劃的新校園，發展出獨特的宜蘭經驗。

在九二一震災之後，事務所積極投入校園重建工作，將宜蘭經驗拓展至中部災區，結合當地風俗民情、氣候等，並用心傾聽使用者的心聲，期望以最短的時間協助完成重建，在「為下一代蓋一所好學校」的理念下，設計出有特色且符合現代教育理念的校園。我們認為新校園的建築規劃概念應反映教育改革的理想與精神，包括人本教育、開放教育、小班教學、社區終身學習、校園開放、綠色校園等核心精神，也呈現出校園建築的設計者，用「心」將社區與學校串聯的歷程，使校園成為社區居民引以為傲的建築與場所空間，進而與社區文化及產業特色結合。

九二一校園重建工作在中南部的學校見證了宜蘭經驗，後來也陸續受邀參加中南部的校園競圖，藉由宜蘭的經驗，在中南部重塑地域建築風格。除了沿用宜蘭校園建築常用的斜屋頂長出簷、迴廊合院式建築群、利用地域性材料等宜蘭經驗的精神之外，因應中南部氣候的不同、人文環境的差異，進而發展出大棚架的校園半戶外空間，不論是折板或曲面，皆能創造校園建築令人驚豔之輪廓，更讓師生不受日曬雨淋的困擾，恣意在學校的半戶外空間穿梭活動。近年來我們再將中南部大棚架設計的成功經驗，逐步擴展至新校園規劃作品中，藉此表達對環境關懷的理念，塑造不同地域風格但相同美好的優質校園。

註

1——宏仁國中由財團法人新故鄉文教基金會出資援建；郡坑國小由臺灣電力公司、行政院公共工程委員會及教育部共同出資援建；新山國小由臺灣電力公司出資援建，興建中因翌年桃芝風災遭土石流損毀而廢校。

一趟知性辯證和良性互動的建築之旅

——南投縣民和國小及民和國中校園重建的建築志業和建築信念

●林洲民／仲觀聯合建築師事務所主持建築師

民和國小及國中兩校的車程距離僅為一分鐘。其建築空間關係和建築構造方式相似，因此，就我而言，這是屬於完整的建築計畫案，我們想要藉此案實現三件值得耕耘和重新改革的志業。其一，讓建築內外和群體的空間服膺教育的理念；其二，讓建築物構成素材的形式是一種知性的辯證成果，而非早該放棄的積習；其三，讓建築物的形成是經由建築師和營造業的良性互動而產生的。

各種不同建築元素的承造者因面對民和國小及民和國中的多元組構方式所付出

的心力是可敬的。從討論、嘗試新工法、再討論、再改進，到建築師和營造廠終於達到共識的過程是辛苦但應該是值得的。我深深認為目前臺灣建築工業的製造過程中有許多早該放棄的積習。我企圖藉著各種不同的建築構造形式，在臺灣現有的營造型態中找出更合理，更合乎經濟效益，更可以實現建築空間裡念的新途徑。二〇〇〇年八月到二〇〇一年十月，我和我的工作夥伴們以民和國小及民和國中建築案和使用者、營造者展開了一段密集的討論，辯證和實際演作的建築之旅。這是個值得珍惜的學習經驗！

建築構成素材是經過知性辯證的結果

有個簡單卻是永恆的真理：「建築是凝聚音符的再現」。民和國小及民和國中的建築物構材是經過審慎及知性的組合。

我們的兩個信念是：

一、讓承重的結構體外露而不以制式的面材被覆

鋼構造可以提供最經濟的斷面積及最豐富的造型。我們在民和國小的普通教室、專科教室及民和國中的教室大樓、圖書館充分利用不同的鋼材來組合同時具結構功能及造型風格的構造體。混凝土可以有最豐富的表情，豐富但是低調。民和國小普通教室的基座，專科教室的結構柱列，宿舍大樓的外牆都是以木紋清水模作為混凝土的完成質感。木紋清水模搭配平滑清水模和刷石子混凝土牆面，這是種低調而含蓄的旋律。

二、讓不具承重的隔間牆體以數種不同深淺、質感的材料建構

五公分寬三十公分深，高達二・四公尺的實木立板是這兩所學校教室外牆的特徵。在實木立板間以空心水泥隔間牆作為窗戶臺度，外加實木飾板。鋁製窗戶架構在實木立板之間，揚棄傳統的水泥砂漿填縫方式，改以絕緣的發泡填充劑和軟性填縫劑來隔離室內外。這個由木作和泥作組合的外牆安置在鋼構造的樑柱之間，形成了一種有層次、有光影變化的隔間牆。隨著一天時段的不同，因光線改

變而造成不同層次的陰影變化——這是有表情的建築。

民和國小

設計時間：二〇〇〇年八月至十二月

建造時間：二〇〇一年二月至二〇〇一年十月

基地面積：一〇七三四㎡

新建樓地板面積：二〇〇一㎡

建造經費：新臺幣五千三百五十八萬九千一百九十二元

普通教室

全校共六班，每班各使用一獨棟的建築內含各一尖頂及平頂的上課空間，老師可依上課內容之不同將空間做不同的運用。各棟普通教室各有一獨立之置物與衛浴空間。每兩棟普通教室外有一遊戲廣場，六個普通教室前的三個遊戲廣場自成一個完整的教學與遊戲空間。

專科教室

長軸面向南北，有利於自然光的品質。斜挑高屋頂有助於自然通風。

宿舍及行政大樓

行政大樓的弧形屋頂上披覆植草，師生可漫步於草坡上，自校門入口緩緩步行至普通教室群。宿舍與行政大樓中以一木紋清水模板牆相隔，牆上的開口提供採光及界定宿舍的隱私性。

戶外的開放空間

一所七十個學生的小學不需要一個田徑場，我們以一條五十公尺的跑道，一個籃球場及遊戲場，六個菜圃來取而代之。

上：民和國小。
下：民和國小教室立面。

民和國中

設計時間：二〇〇〇年八月至十二月
建造時間：二〇〇一年二月至二〇〇一年十月
基地面積：一九〇七三㎡
新建樓地板面積：二五七六㎡
建造經費：新臺幣五千八百八十三萬二千六百六十九元

教室大樓

教室大樓的長軸面向南北，所引進的自然光品質極佳。南側為一層樓國中一年級至國中三年級，每年級各兩班的六間教室，北側為二層樓的專科教室共十二間。南北兩側高處各有連續的實木格柵作為遮陽之用。教室大樓的長軸雖為直線形，但是在中間處各作一個一・八公尺之轉折，每至轉折處及形成一教室群之間的小型開放空間。南北兩側的中庭則作為半戶外的景觀及戶外集合場所之用。

宿舍及行政大樓

這是一棟以鋼筋混凝土作為結構主體，搭配鋼構及實木飾板的建物，在平實的造型中企圖以木紋清水模，鋼構的質感及木材的穩定感來傳達平實的學校建築風味。

圖書館

這是校園的精神象徵。一樓十二邊形的閱讀空間經由圓形樓梯步行至二樓的六邊形藏書空間。所有來自戶外的光線均經由鋼構支撐的木格柵過濾成一片含蓄的間接光。

變電室

我們以穩重的清水混凝土牆及輕巧的鋼構及木格柵，將這傳統上不被重視的功能建築轉型成極具構造風範的量體。

上：民和國中。
下：民和國中圖書館。

• • •

進行任何一種體制內的改革，都必須要有做體制外改革所必須經過的激進與徹底的打算。在設計民和國小及民和國中時，我們除了安排合宜的教學空間外，也審慎的選擇了建築的構造方式——一種臺灣新建築構造態度。我們想重建一種考驗建築專業的工作態度，我們也想拋棄現有不合理的營建形式和方法。

二〇〇二年的九月，民和國小與民和國中完成，進駐。一九九九年的九二一大地震後至今，那三個建築志業和兩個建築信念仍然伴隨著我持續在建築路上持續實踐。我的團隊持續成長，我們的挑戰也越來越大；甚至，我個人還在二〇一四年到二〇一八年擔任臺北市都市發展局局長，二〇一八年十二月二十五日卸任後，又回到了建築人的崗位持續執業。

執行民和國小、國中的建築案那年我四十五歲，也透過民和國小和民和國中這兩所學校的建案，讓國際建築界看到了臺灣建築，二〇〇二年倫敦的《建築評論》雜誌（*Architectural Review*）頒給了我的團隊「Emerging Architecture」年度獎，這個獎項我萬分珍惜。珍惜那段辛苦、認真的日子，也就是如此，我體認到公部門支持公共建築完整呈現之重要性。我從二〇〇二年到了二〇一四年又再工作了十二年，才在二〇一四年到二〇一八年在公部門擔任甲方的職位長達四年。這四年擔任甲方的執行負責人，我才深深感受到一九九九到二〇〇二年間的教育部是如何創造時代的作為領先世代的負責任之甲方。

作為一個建築人，今天，二〇一九年九月往回看二十年前的際遇，惜福！

感謝所有一起工作的朋友們，感謝推動九二一校園建築的教育部！

臺灣加油!!

校園是許多人的夢田

● 劉木賢／劉木賢建築師事務所負責人

一九九九年臺灣發生九二一大地震，這一場天搖地動改變了我的職業生涯，開始全心投入新校園運動，往後十幾年來事務所一直以學校設計為主。一路走來，從規劃設計者的角度出發，再回到使用者、甚至觀察、評論者的角度，檢視這些設計，有哪些值得再檢討、再改進？

這十幾年間與教育界有太多深刻的對話，讓我體驗到校園扮演著比我們想像還要多的角色。在忠孝國中發現了校園夜的秘密和天微亮時的磁場，在紅毛港國小生態池邊體驗「老人與海」的故事，在億載國小的教學農場園，看到了老人對大地的知識可以傳承，生命在此得到再一次的榮耀。

校園原型

建築家路易斯・康對於校園的起源，有一段精彩的描述：「學校從一棵大樹下兩個人的交談開始。」

教育學家杜威（John Dewey）說：「教育即生活，教育即成長，教育即經驗的改造。」

學校的教育深深影響一個人的價值觀，人的一生經歷家庭、學校與社會，而學校生活正是孕育一個人思想養成的最重要歷程。

每一所學校的興建，都承載許多人的需求與夢想！包含了學校所有師生、家長與村莊、社區的一般民眾，講得出來的看法與說不出來的想法，都值得我們去推敲與回應，新南國小和紅毛港國小就在遷校過程中，因師生、社區的互動，而激溢出超過我想像得到的空間意涵與故事脈絡。

校園布局若下棋

建築師在校園規劃與興建過程中，如何扮演像樂團指揮家的角色是個關鍵。要先與校方、家長、社區意見的溝通，將他們的想法轉化成具體的空間設計，同時協調結構、機電、空調、景觀及建築等團隊，並整合營建過程中各種材料、細部與施工環節，至於能否演奏出一場生動精彩的空間表演，還得有賴能溝通的公部門機關和良好的施工團隊，才不會成走調的變奏曲。

學校布局的過程又像小說家編劇本，規劃藍圖設想好每個空間與使用者角色，想像著各場景與角落可能發展的故事情節。我在許多學校設計戶外空間，希望學生留下校園生活的記憶，地方民眾也能在這裡留下他們自己的故事。

校園規劃過程有如下圍棋，應儘量擴大氣場取得生機，像鳳林國中、臺東大學連結周遭的環境形成生態網絡，校內的空間配置也營造多孔隙的環境，如果實體校舍配置是棋子，那麼開放空間就像所圍塑的地盤，氣氛相連充滿生機。每一個開放空間都是生態的場所，學校具備了優良的綠化、透水和生物棲息條件，億載國小、忠孝國中均是透過規劃，將校園與周遭環境的公園綠地連成一氣，在學校四周人行道以複層化植栽，使學校的通學步道成為生物遷徙的路徑，讓蝴蝶、蜜蜂等昆蟲飛進校園也進入社區，使學校成為社區的生態基因庫。

校園是地方的生活核心

城市裡的小學可以說是一所社區小學，提供社區小孩上學及居民運動、散步等功能。然而鄉村和偏遠的學校可能是什麼?在高雄蔡文、茄萣國小都看到他們的無限可能。學校規劃時應納入生態環境，也要考量到學齡的兒童、打球的青年、社區的居民，還有退休的老人，因為校園空間涉及了地方每個人的生活層面，大家都期待學校可以滿足他們的活動與願望，像茄萣國小的樂齡學習中心、學校社區共讀站就是一個很好的案例。

高雄市紅毛港國小。

規劃設計一所學校，我習慣搜集當地文史資料，了解一個地方的起源與發展過程，並想辦法將歷史寫進校園轉化成場景。所以在億載國小的穿堂可以看到臺江內海的演變軌跡，蔡文國小以玻璃牆記錄了地方英雄余清芳的事蹟。我們喜歡設計一些互動空間如戶外階梯劇場、菜園、交流木平台，增加人與人之間和校園場景的的關係。所以校園應該是一個累積人文氣息與歷史感動的場所，承載著地方許多人的過去、現在與未來，孩子在這裡受教育成長，村民在這兒活動老去，校園就成為當地一部活的歷史教材。

校園是最大的教具

國際建築師協會（International Union of Architects, UIA）對於兒童建築教育提出：「人類未來生存環境的品質，取決於我們今日的孩童。他們是否具有做出周全、適切決策的能力？完全取決於他們在受教育的過程中，所學習得到的知識與能力。」

芬蘭於二〇〇六年將建築教育列入國家基礎課程視覺藝術課綱中，如同音樂、美術教育一般，從一年級到九年級，甚至延續到高中階段，認定「建築教育的過程」是所有美學與設計教育的基礎，也是公民教育的基礎。國內的華德福與人本教育也都努力在推動這一領域，在新南國小的遷校過程中，學校與我們也嘗試推動「兒童建築教育」舉辦「小小建築師體驗營」。

校園是學習的場所，一草一木、磚的疊砌、枕木的排列和水的流動，都是教學的素材。學校建築不只是提供安全的學習環境，更希望透過校園空間引發學生思考與多元學習。新南國小陳惠娟老師說得好，潛在課程是孩子自己玩出來的，這裡有好多城市孩子的第一次體驗，也是許多家長的第一次驚豔，有老師和學生的參與，學校的建築有了溫度。

校園是每人心中的夢田

每個人心裡都有一畝田、一個夢，也許嚮往陶淵明的桃花源、曹雪芹的大觀園，奮鬥一輩子就想能有一棵大樹、一塊菜田、一個水塘的家園。

然而，談何容易？都市寸土寸金，鄉間又有誰有這麼大的手筆？

唯有學校可以實踐這個夢想，校園設個教學農園、生態池、戶外劇場和種下許多大樹，就可成為每個人心中的夢田！

無論山巔或海濱，每個鄉鎮每個社區都有學校，家裡無法實踐的夢想空間都可以在學校實踐，多少人的童年要在這裡度過，多少人的願望在這裡達成。兒童在這裡遊戲，青年在這兒打球，媽媽在教室學才藝，中年在這裡跑步，老年在校園漫步。少子化的時代來臨，學校空出的校舍就改造為公立幼兒園，減輕年輕夫妻的教育負擔；高齡化社會的來到，這裡又可成為銀髮族日間照護的基地；強震豪雨水災來臨時，學校又隨時可以扮演緊急救難的場所。

學校是地方最重要的公共場所，承載那麼多的可能與希望，值得我們用最大心力種桃、種李、種春風。校園的每個孩子心中都住著一個小王子，讓他們自在地去探索、相遇和發覺，讓學校成為孩子編織夢想與創造想像力的基地。

（原文引自《學校夢田》，臺北：藝術家出版社，劉木賢著 2017.8。）

教育與建築的意外交集

——新校園運動中空間與教育的質變

● 曾光宗／中原大學建築系教授

在歷史上，從「學校」這個教育設施的出現開始，期間雖然教育理念會隨著時代與地域性有著不同的詮釋，但是整體而言學校的教育理念與校園空間形式有著密不可分的關係。在兩者互為因果的校園環境中，不論「教育」或「空間」的任何一方如有重大的變革，勢必會帶動對方的「質變」。

於二十年前的一九九九年九月二十一日，在臺灣中部山區發生了芮氏規模七・三級的大地震，史稱「九二一大地震」。由於地震的影響，造成了很多人的傷亡，大量的建築物也都倒毀，受災規模十分巨大。在這些重創的建築物之中，公有建築物為數眾多，其中包含了我們非常熟悉的「學校」。

雖然地震發生的當天我並不在臺灣，但是由於那年我剛從日本的大學畢業，原本就在準備著回臺灣任教，因此幾天之後回到臺灣，隨即加入了九二一災後重建工作。最初在中原大學建築系喻肇青教授的帶領下，於現場緊急的救災工作告一段落後，我們進入屬於重災區之一的南投縣中寮鄉。在中寮鄉，除了鎮上的民宅及公共建築外，我們也勘查了許多倒塌的學校。而當時各建築系都有派出師生前往災區，冀望透過不同的學術領域，在後續的災後重建工作上盡一份心力。

重建教育環境，改變未來

在龐雜的災後重建工作中，由於「學校」在倒塌的公共建築中所占的比例極高，因此「校園重建」遂成為了後續災後重建工作的重點之一，並也形成了一個獨立的關注議題。而基於「學校」的屬性，最早警覺到學校倒塌所影響的層面不僅僅只是建築而已，教育端也應該需要關注的是「人本教育文教基金會」。

遭遇此建築與教育的巨變，人本教育文教基金會於地震兩個月後的一九九九年十一月，提出了《創造性的教育重建計畫》，其中開宗明義地指出「我們犧牲了許多人命，失去了許多的家園，付出了不能估算的代價；然而，我們也得著一種『可能』：新建的校舍，可以更牢固；……還有最最重要的，我們必須立即學會，如何揚棄舊的東西，並改變我們共同的未來！要改變未來，就必須重建我們的教育！」這時人本教育文教基金會以民間的力量，積極地投入了後續相關的校園重建工作。由於我個人在日本的所學專長之一正是「教育設施規劃與研究」，因此當時在人本教育文教基金會顧問李其然先生的介紹下，認識了史英老師及許多夥伴，並加入了校園重建工作的行列。

然而，面對著眾多倒塌的學校，新的校園應該如何規劃設計呢？為了了解國外新的校園規劃設計及教育理念，二〇〇〇年四月人本教育文教基金會率先舉辦了「九二一校園重建——校園規劃學習之旅」。當時在日本象設計集團的協助下，由史英老師及現在臺南藝術大學曾旭正教授，帶領災區學校的教育局長、校

九二一地震後的南投縣中寮鄉爽文國中（1999.10.10）。

長、老師及記者等，一起到日本考察一些具有特色的學校。而為了讓校長及老師們了解學校考察的重點，我在考察手冊中寫了一篇〈校園規劃日本考察團考察重點〉，後來以〈日本學校見學與期待〉一文，收錄在《人本教育札記》中；而這也是我回臺灣後，以校園重建為主題的第一篇學術性文章。

之後到了二〇〇〇年五月政黨輪替後，作為公部門的教育部也體認到校園重建需要有創新理念之重要性，因此當時在教育部范巽綠政務次長及曾旭正教授的構思下，提出了後來撼動建築界及教育界，並成為校園重建工作之重要象徵指標的「新校園運動」。

建築界與教育界的交集

在具有進步思想及理想性格之「新校園運動」的推波助瀾下，讓建築界與教育界有了交集，以及對話的平台。過程中許多改變傳統、去除限制、突破框架、解放既有思維的想法與作法，都有機會得以在校園的規劃設計，以及學校的教育理念與教學方法中予以嘗試，進而逐步落實；那段期間可說是建築界與教育界一起突破困境，勇往直前的燦爛年代！而將校園重建工作視為「一種對於理想的校園環境的塑造與實現的契機」，以及「災後校園重建的過程，是一個建立『新校園』的過程」之觀念，也普遍成為當時各災區學校、建築界、教育界，甚至社會大眾的共識。

而作為一位學者的我，對於「新校園運動」，首先主要在於發揮輿論功能，因為對於當時的政府部門而言，改變既有的思維是一件極為困難的事情，因此因應各種突發的議題，都需要適時地在各報紙「民意論壇」中提出呼籲，例如重建最初行政部門希望快速地蓋回學校，這時民間就需要提出「災區校園重建不能壓縮規劃時間」之反對聲音。其次，為了提供學術的論述，以作為災區學校進行校園規劃時的理論基礎，因此透過國科會的專題研究計畫，作為持續性基礎調查研究的平台。另外不斷地在《建築師雜誌》等建築專業雜誌，及臺灣建築學會的研究成果論文集上，發表校園規劃的文章，亦是提供理論及案例的重要管道之一。相對地，由於校園重建的另一方為教育界，因此在《人本教育札記》及《國語日報》等，從事教育人員經常閱讀的報章期刊上亦經常發表相關文章，藉以拉近建築界與教育界的認知差距。

從九二一地震發生四年後（二〇〇三年），個人在災區所做一系列的調查與評估結果來看，當時：

- 五二．五三％的教師認為重建後的學校比重建前「更理想」
- 五八．六三％的學童認為「更喜歡」新的校園
- 五九．二七％的學童很直接地感受到戶外空間「活潑有變化」
- 認為校園與社區環境的融合達七成以上
- 創新的教學空間之價值已被大多數的教師所認同
- 大多數的教師都認為新的教學空間會改變他們的教學
- 六〇．〇六％的教師及八六．〇四％的學童對校園重建很滿意

這些都是校園重建及新校園運動之具體成效的最佳寫照。

「學校，從建築史的角度來看是十分奇特的；因為一百年來學校的平面幾乎沒有任何變化」；長期以來學校大多一成不變，但偶發的九二一地震，促發了校園

上：臺中縣石岡鄉土牛國小的臨時校園（2000.06.30）。
下：臺中縣石岡鄉土牛國小的校園規劃設計討論（2000.07.27）。

重建及新校園運動，讓建築與教育開始互動，進而相互產生了巨大的質變，這些改變極為珍貴，也成為了二十年後重新檢視校園重建及新校園運動的核心價值。

延伸閱讀

以下為個人有關九二一校園重建及新校園運動所發表的著作目錄，從中可以理解到當時不同階段的關注議題。

- 曾光宗（2000）：「日本學校見學與期待」，《人本教育札記》雜誌，人本教育文教基金會，2000年5月號，p.71-74。
- 曾光宗（2000）：「災區校園重建不能壓縮規劃時間」，中國時報時論廣場，中國時報，民國89年7月18日。
- K. T. Tseng (2000). Rushing school reconstruction is damaging, TAIWAN NEWS: "OPINION". July 23, 2000.
- 曾光宗（2000）：「建立新校園的契機—尋找校園重建的各種可能性」，《建築師雜誌》，中華民國建築師公會全國聯合會雜誌社，2000年7月號，p.64-67。
- 曾光宗（2000）：「以兒童為主體的學校環境設計之基礎調查研究—以兒童『行為場景』的解析為例」，行政院國家科學委員會專題研究計畫，NSC 89-2211-E-033-014。
- 曾光宗（2000）：「校園重建與學校風格」，《桃園文教》，復刊第十八期—「學校建築與風格」專輯，桃園縣政府教育局，2000年9月，p.6-13。
- 曾光宗、李其然（2000）：「臨時校園孕育新秩序新轉機」，中國時報時論廣場中國時報，民國89年9月6日。
- 曾光宗、李其然（2000）：「向『臨時校園』學習」，《人本教育札記》雜誌，2000年9月號《震災後如何新生？—創造性的教育重建特刊》，人本教育文教基金會，p.126-129。
- 曾光宗（2000）：「『從那天開始學習』—走訪日本野島斷層保存館」，國語日報專題報導，《國語日報》，民國89年9月24日。

- 曾光宗、李其然（2000）：「新校園運動的理想與困境——921校園重建問卷調查結果」，《建築師雜誌》，中華民國建築師公會全國聯合會雜誌社，2000年10月號，p.65-67。
- 曾光宗（2001）：「創意的校園重建」，中國時報浮世繪版，中國時報，民國90年7月21日。
- 曾光宗、曾旭正（2001）：「校園建築新觀念」專欄連載，《國語日報》，民國90年7月～12月。7月5日「教學與空間設計關係密切」、7月19日「透明的空間規劃」、8月2日「開放空間」、8月16日「學習資源站」、8月30日「圖書角」、9月20日「多樣化的中庭運用」、10月4日「家具誘發孩童的學習行為」、12月13日「大空間與小空間」、12月20日「地板材質」。
- 曾光宗（2001）：「學童對校園環境認知之基礎調查研究—以相片之環境紀錄的解析為例」，行政院國家科學委員會專題研究計畫，NSC 90-2211-E-033-006。
- 曾光宗（2001）：「各學校為什麼一定要用統一的顏色？」，人本教育電子報，2001年11月1日。
- 曾光宗（2001）：「校園內兒童『行為場景』的類型與特徵—以兒童為主體的學校環境設計之基礎調查研究」，《中華民國建築學會第十三屆建築研究成果發表會論文集》，中華民國建築學會，民國90年11月24日，p.267-272，NSC 89-2211-E-033-014。
- 曾光宗（2002）：「舊校也可以新生—既存學校的空間改造」，《人本教育札記》雜誌，2002年1月號，人本教育文教基金會，p.94-97。
- 曾光宗（2002）：「新校園環境形成之基礎調查研究—921校園重建學校的用後評估」，行政院國家科學委員會專題研究計畫，NSC 91-2211-E-033-011。
- 曾光宗（2002）：「科學家手記—認識自己的校園」，《小牛頓》雜誌，2002年9月號，牛頓出版股份有限公司，p.97。
- 曾光宗（2002）：「不像學校的學校」，『臺北縣立桃子腳國民中小學新建校舍第一期工程設計監造建築師競圖專輯』，臺北縣立桃子腳國民中小學籌備處、財團法人柏園文教基金會，2002年9月，p.22。
- 曾光宗（2002）：「學童對校園環境認知之調查研究—環境認知的類型與特質」，《中華民國建築學會第十四屆建築研究成果發表會論文集》，中華民國建築學會，民國91年11月23日，C9-1～C9-6，NSC 90-2211-E-033-006。

- 曾光宗（2002）：「校園環境規劃的省思與空間改造」，『教育部降低班級學生人數成果展示活動』學術研討會，指導單位／教育部、主辦單位／高雄縣政府、承辦單位／王公國小、福誠國小、瑞興國小、蔡文國小，民國91年12月23～25日，p.29-32。
- 曾光宗（2003）：「校園學習環境之建築計畫的基礎調查研究—以921校園重建學校的解析為例」，行政院國家科學委員會專題研究計畫，NSC 92-2211-E-033-012。
- 曾光宗、鐘婉珣（2003）：「九二一校園重建學校用後評估之研究 (1)—評估內容及空間使用問題之探討」，《中華民國建築學會第十五屆建築研究成果發表會論文集』》中華民國建築學會，民國92年12月6日，NSC 91-2211-E-033-011，C10-1～C10-6。
- 鐘婉珣、曾光宗（2003）：「九二一校園重建學校用後評估之研究 (2)—規劃設計理念的實踐之探討」，《中華民國建築學會第十五屆建築研究成果發表會論文集》，中華民國建築學會，民國92年12月6日，NSC 91-2211-E-033-011，C7-1～C7-6。
- 曾光宗（2004）：「九二一校園重建學校之學習環境的研究—以教學空間型態的解析為例」，《中華民國建築學會第十六屆建築研究成果發表會論文集》，中華民國建築學會，民國93年6月12日，NSC 92-2211-E-033-012，p.134-139。
- 曾光宗（2004）：「新校園的形成與挑戰——九二一重建校園用後評估與環境認知之探討」，《小學・設計・教育》，田園城市文化事業有限公司，p.163-176。
- 曾光宗（2004）：「從問卷評估新校園使用價值」，《營建知訊》雜誌，財團法人臺灣營建研究院，2004年10月號，NO. 261，p.8-15。
- 曾光宗（2005）：「重建校舍的使用後評估」，『新校園永續規劃研討會（中區）』，指導單位／教育部、主辦單位／彰化縣政府、承辦單位／彰興國中，民國94年3月10日，p.25-31。

- 曾光宗（2005）：「重建校舍的使用後評估」，『教育部北區新校園永續規劃研習會』，指導單位／教育部、主辦單位／臺北縣政府、承辦單位／深坑國中，民國94年4月14日，p.19-27。
- 曾光宗（2005）：「以兒童為主體的校園環境與空間設計」，《教育研究月刊》（*Journal of Education Research*），136期，2005年8月號，高等教育出版公司，p.66-82。
- 曾光宗（2006）：「新校園用後評估的研究現況」，『反省與對話—921震災「新校園運動」的回顧與前瞻研討會』，反省與對話—921震災「新校園運動」的回顧與前瞻研討會論文集（ISBN 978-986-82883-0-0），指導單位：教育部、主辦單位：建築改革合作社、中華民國都市設計學會、淡江大學建築系、臺灣大學建築與城鄉研究所、協辦：全國教師會，民國95年9月17～18日，p.151-174。
- 曾光宗（2008）：「新校園用後評估的研究現況」，《設計學博士學位學程學刊2008》（Journal Report of Ph. D. Program），2008年4月，中原大學設計學院，p.93-102。
- 盧貞穎（2009）：「帶孩子蓋房子－人本「築巢營」的空間體驗」（訪問紀錄），《人本教育札記》雜誌，2009年6月號，第241期，人本教育文教基金會，p.9-20。
- 曾光宗（2009）：「第二波新校園運動」，時論廣場A14版，中國時報，2009年8月24日。
- 曾光宗（2009）：「新校園運動開啟建築與教育的對話」，《營建知訊》雜誌，財團法人臺灣營建研究院，2009年9月號，NO. 320，p.38-45。
- 曾光宗（2009）：「九二一地震十年（1999-2009）之校園重建文獻初探」，《2009海峽兩岸環境設計教育研討會論文集》（ISBN 978-986-7383-49-5），2009年海峽兩岸環境設計教育學術研討會，主辦單位：中原大學設計學院、天津大學建築學院，承辦單位：中原大學建築系，地點：中原大學，民國98年9月15-16日，p.351-369。
- 曾光宗（2016）：「淺談兒童的空間教育」，《人本教育札記》雜誌，2016年12月號，第330期，人本教育文教基金會，pp.50-53。

- 曾光宗（2017）：「持續進化的「新校園運動」」，《臺灣建築》雜誌，臺灣建築報導雜誌社，261期，2017年6月號，p.20-21。
- 曾光宗（2019）：「築巢的源起及創造性的梯隊」，《人本教育札記》雜誌，2019年3月號，第357期，人本教育文教基金會，p.10-14。

九二一，臺灣的原罪，片刻的覺醒？

●丁榮生／遠行旅文化創意總監

忽忽九二一已然二十年了，我的回憶只有如《看不見的城市》作者卡爾維諾（Italo Calvino）提過的一句話：「如果你想知道周圍有多麼黑暗，你就得留意遠處的微弱光線。」留存在腦海深處的記憶，只是建築界曾經歷過的「微弱光線」，如今那道光似乎又退到「遠處」了。

九二一當年我是跑建築文化、古蹟及文化行政的《中國時報》文化版記者，文建會於震後，就由主委林澄枝在餘震不停歇、供電不穩定的狀況下，率隊前往中部災區勘察。我們看到人間煉獄，也看到車籠埔斷層，以及像積木被頑皮小孩任性推倒的房舍。這一切，都不如看到校園東倒西歪的慘狀更震撼。當時就有許多報導談到，地震是發生在半夜，若在上課時間，將有更多的傷亡。

地震後的救災啟動，到重建伊始，更換了政權，重建會也更換了組織與人事。事過境遷來觀察，九二一重創臺灣後的重建系列，的確以新校園運動比較令人耳目一新。我認為主要原因有四點：

一、民間部分機構投入校園重建認養，改變過往由上而下的地方建設流程。

二、民間呼籲啟動的新校園運動，最終獲得官方認同並有機會從制度面檢討校園公共工程建設機制。

三、配合教育改革政策，使得校園重建較有機會打破過往僵化且制式的校園環境。

四、重建不可否認多處中部郊區，客觀上的小校及小班校園環境，各方利益牽扯較少，比較有機會改變其建造生態……。

我這篇短文，願意以幾位我看到的指標人物，來記述那一段以悲劇而起卻是公共工程較為特殊的一段經歷。

官方扮演關鍵角色

時任教育部政務次長的范巽綠及其團隊每每對我說：「榮生，你看這所南投的小學，重建得多好，是教育部跟民間團體合力的成果。」只要採訪新校園運動完成的各校，不難聽到她對這些校園的稱讚。

的確不管好壞，她也該稱讚這些校園，因為一開始的校園重建藍圖，根本不是官方的企圖，乃是民間長久以來對教改想像的一部分，九二一則提供了一個塑造他們心中校園原型的契機。而像范巽綠這樣的官員，其實一開始她也只是個旁觀者，從當立委到當官員，就我觀察，順勢而為是民代出身的她所持的態度，但她不只不是疾言厲行一類的處事態度，可說是能與人為善，甚至是願意跟人溝通的人。所以重建後的校園，每一所她幾乎都當成自己兒女般看待。

這是因為從二〇〇〇年五月，由民間團體組織的災區重建團隊和教育部溝通，提出「結合軟體革新的硬體重建理念和校園博覽會」概念，與推動教育改革的官方想法達到一致。之後，創造性的教育重建計畫從體制外走向體制內，成為由教育部正式推出針對災區校園重建的「新校園運動」，期間范巽綠一直扮演關鍵角色，她這種「媽媽桑」的定位，配合重建會林盛豐副執行長及當時她辦公室幕僚殷寶寧的建築人背景，提供她做決策或解決千頭萬緒的營建細節。如此搭配，是從廢墟浴火重生的新校園很有意思的一個過程。

因為新校園配合教改，是當時政治上對教育藍圖的顯學。行政上，新校園要有新式的硬體設備、透過最有利標與參與式設計所形塑的新校園運動校園，她雖非關鍵角色，但沒有她，新校園的成果絕對失色甚多。

民間力量走在前面引導

新校園是藉由政府公部門的專案計畫及民間單位機構的認養，才使得九二一震後的校園重建計畫展露曙光，最後也呈現多采多姿的樣貌。

但一開始真正使力的卻是民間團體，校園重建工作中的核心論述，甚至沒有官方的地位。由號召建築師投入校園設計，並鼓勵校方和社區人士積極參與討論，共同探索融合現代教育理念的新型校園空間，經過震後只有兩年的努力，該運動就創造出近四十餘所各具特色的新校園，我認為這才是應該大書特書之處。

論及教育改革和那次的空間探索，不得不把時間軸推移至先前經驗。因為新校園運動並非在九二一震後一夜之間無中生有的想像。一九八〇年代以來教育改革，以及諸多探索新型教育空間，才是其誕生基礎，九二一只是其實踐的一環。

有研究指出，一九六八年的九年義務教育，因此有了國中校舍設計標準圖，官方也按標準圖控制校園建築造價，並複製上百及千單調刻板的一字、ㄇ型或四合院空間布局，有著中軸線對稱、衙門川廊或門廳、政治銅像和口號，以及運動不像運動的橢圓形操場，搭配只能罵人、訓話的長官司令台配置……，這些宰制、極權，控制了千篇一律並且毫無生趣的小學到高中之校園建築。

這些校園無非是為了搭配教育行政向來的權威主義、填鴨教學、僵化意識型態和升學主義崇拜，使得臺灣教育幾乎陷於一致化與死水一灘，而其象徵就是校園環境的統一性與一致化。

一直到一九九〇年代的物極必反，民間發動教改運動，呼籲教育擺脫只重宰制、威權與一致化的格局，校園環境上期許搭配鬆綁制度的開放型學習空間，並適用當代電腦及網路學習的多媒材技術運用，以符合所謂當代的校園想像。

在此基礎上，震後一個月內，包括人本教育基金會、臺大城鄉基金會、專業者都市改革組織等，就從教育和校園學習環境上提出重建理念，期望將教改理念融入校園重建的軟硬體建設契機。

這次發起，連一向致力於社區工作的新故鄉文教基金會和力推教育改革的人本教育基金會，不只在第一時間內進駐災區協助重建，認養了八所學校，並喊出：向學校推薦優秀建築師、鼓勵師長甚至學生，積極參加設計討論、鼓勵學校發掘自我特色，開啟校園空間營建的新互動關係。最後並提出「結合軟體革新的硬體重建和校園博覽會」理念的重建，終於由民間教改團體的呼籲，由教育部整合為對災區校園重建的新校園運動。

政策形成前的投入之外，重建工作民間扮演了極度積極的角色，可說是戰後臺灣民間力量最大最重要的投入。有評論說：「新校園運動之所以成功，很大一部分是因民氣可用，而且是出乎預料難以想像的龐大與綿密。」一九九九當年企業團體認養重建災區學校時，年底就募到九十五億，最後二九三校全倒校園重建竣工，民間就認養了一〇八校，比例上達到三分之一。包括認養五十一所的慈濟基金會、十七所的紅十字會、十六所的台塑關係企業、六所的佛光山基金會、以技術認養（贊助設計規劃經費）的TVBS文教基金會、浩然基金會等等。

是成是暫，見仁見智

九二一重建，當時引進專案營建管理（PCM）技術服務、公開遴選建築師、採最有利標等作法，才得以讓校園順利變形、空間解嚴。當時教育部選定《建築師雜誌》發出公開信，函邀全國建築師投入新校園重建工作，保證至少有三個月時間投入規劃與設計工作，兩個月就吸引了一五六家建築師事務所競逐二十四標三十三校重建工程。

從二〇〇〇年啟動，於二〇〇三年十二月底南投縣內湖國小完工，新校園運動完成階段性任務，使得校園與當地自然環境、社區共存的觀念，深植於重建學校、當地社區及民眾心中，學校不再是高掛「禮義廉恥、做個堂堂正正的××人」的嚴肅或畏懼場所，以學生為本位的環境被重視。

這當中，拜九二一校園重建的建築師而崛起的，包括原先在宜蘭校園建築就頗有心得的黃建興、臺中的姜樂靜、臺南的徐岩奇、臺北的林洲民（美國註冊建築師）、香港的王維仁、現在人在雲林的甘銘源與李綠枝等人。

設計創意上，新校園運動許多作品，被評論為：不只塑造出當代學習和空間文化內涵外，校園配置具備靈活和多樣性，並且試圖使青少年成天在此也覺得有趣甚至好玩，教室也發展為彈性開放的教學場所，並考量不同年齡層的成長需求。校園與社區，多數用綠籬或開放空間取代過去封閉的圍牆，使校園與周邊社區緊密融合，更有相當多的設計，表現出對當地文化的尊重和對生態環保的重視。例如潭南國小從原住民部落的角度發想出一套新穎的學習空間、黃建興建築師打破慈濟認養的校園一定要慈濟建築的樣貌、徐岩奇建築師在廣英國小嘗試有機建築系統……在在都令人印象深刻。

當時所有參與者都把為受災學童提供美好的學習環境、追求更有意義的未來作為目標，這些各具特色的新校園，也成為戰後臺灣難得一次的「集體印象」。

但新校園運動能量延續十餘年後，雖然有一陣子不局限在短暫且局部的震後校園重建，小幅度擴展到其他地區的中小學與高中校園的改造，但隨九二一的遠去，新校園運動的精神也只能在過往的校園中尋覓，其引薦優秀建築師、給予充分時間做規劃設計、適度採取有利標等等新校園的政策工具，如今也多不被認同。

因之，二十年後來看，新校園運動是成是暫，也見仁見智。

九二一震災的歷史性回看：鄉村復興之曙光

● 羅時瑋／建築師、前東海建築工作隊成員

九二一地震造成中部地區巨大災害，二十年後回看，似不應只把它視為一孤立事件，而是透過二十年的時間距離，正好藉機回顧其所處歷史性脈絡及衝擊影響。這是一次意外災難，卻像是被銘刻成歷史事件，被註記上特有的歷史意義？真是這樣嗎？

一個歷史性破口

地震發生前，中部區域農業經濟已是千瘡百孔。曾經以工業化思維大規模栽種所謂經濟作物，如六〇年代香蕉、七〇年代的茶葉，有過不錯的經濟收益，八〇年代後檳榔有取代之勢，只因這是省人力低成本的選擇。稻作則已長年廢耕休耕，多靠政府補助。林業的造林補助誘因低，育林保林成效不彰。七〇年代以後臺灣經濟起飛，鄉村愈發成為工業發展、都市化的「背景」與「配角」，八〇年代臺北開始感性消費潮，美式飲食如麥當勞、肯德基及日式雅客超市引入，體驗經濟正蠢動，如一九七九年六福村野生動物園成立，八〇年代開始進香團旅遊模式，一九八九年八仙水上樂園開幕，到九〇年代末娛樂產業的遊樂區模式已漸呈現疲軟。

當時鄉村地區米產業沒落，米文化仍健在（作醮時展示米龍藝術之精湛），水果文化尚未現身。鄉村經濟充斥顢頇無力感，缺乏體驗魅力，亟思農業轉型，卻找不定出路。原有文史生態資源，經常在工程建設過程中遭到破壞。八〇至九〇年代省政府執行的地方基層建設，倒是改善甚多密布在山巔林深處的產業道路，山村聚落的基本交通尚稱通暢。

九二一地震前，臺灣政治民主化已經歷二十年努力。自從八〇年代末以後，臺灣終於迎來一系列改革：開放兩岸探親、開放黨禁報禁、改革萬年國會、總統直選等制度轉變。地方民心蟄動，民氣勃發，九〇年代初中央推動社區總體營造、城鄉風貌改善計畫等，都喚起鄉村地方的社會與空間新想像，加上全國鐵公路高速化及東西向快速道路鋪設……，只是尚未等到產業振興發展，卻先遭逢強震災難的侵襲。

惟在人心意識覺醒加上交通及通訊基礎設施都已基本完備的根基上，九二一震災的驚悚程度，促成臺灣感覺神經的一次全面自主動員，社區及文化工作團體當時已初冒根苗，尤其青年女性成為不少新興的非營利組織主力，各方民間力量都似乎以「我們都準備好了」的氣勢，投入救災現場及後來的重建過程。

九二一震災打開一個歷史的破口，看見臺灣經濟繁榮進步中被遺忘的一塊——落後無力又無望的鄉村與農業。而農業所寄的土地力量、做農人的質樸厚道還保留著，面對驟然發生的災難所必要的根本憑藉：地力與人心……仍然還在。從這災難破口，湧入政府與民間菁英、各方資源、剛學到的社會培力概念等，在地人也藉此復原契機整合內部新動力，在之後好幾年間去補全法制破洞、重估自然（農業、生態）資源、健全公共設施、復原聚落環境，重整產業活力……。但是歷史的力量是公平的、非速效的、也不等人、更是在牽連複雜的過程中不均等地自顧自地作用。

天地不仁的時刻：二十年後回看

九二一那晚，我與家人在東海宿舍裡，那時小女兒還跟我們睡一張大床，深夜裡被一陣強震驚醒，聽到客廳餐櫥的玻璃門扇敲擊聲不斷，那顫聲還未停歇，又來一陣更猛烈的震動，我立刻轉身趴在小女兒身上，感覺房子就要倒塌了，我跟老婆說糟糕，要有災難了！我們立刻抱著小孩衝出房子，鄰居們也陸續出來屋外，大家用當時剛開始流行的手機打電話連繫遠方父母家人。

我在臺中驚覺要有災難了，後來到中寮才知道，中寮的人衝出屋舍，口中呼喊的是：「要死人了！」災後一個月在中寮，跟我描述的壯漢大哥頭纏著紗布，手腳多處擦傷。他說跑出屋外時發現根本跑不動，整個旱田就像海浪一般滾動，他前腳跨出去，又立刻被土浪推回來，整個人在田裡跌撞不停，還好保住了性命。

地震過後，我在不同災區聽到各種對這次強震的描述，提到地下或溪谷傳來呼嚎聲、巨大響聲、撞擊聲、側向及直向震動、如波浪的滾動、強光、閃光、紅光……等等，有位村長描述地震時響聲，他舉起粗厚手掌重重拍擊座椅前的大理石桌面，形容他聽到的響聲是手擊桌面的好幾倍。他已六十幾歲，但每一想起那晚的現場經驗，立刻全身寒毛豎起。地震後他上山看自種幾分地的柚子樹，原來樹徑約二十公分的所有柚子樹皆消失了，只剩部分樹根朝上，整個山頭變為一片荒土。

最印象深刻的是在大約五年後，聽一位阿伯回想那晚的狀況：他睡醒起來上廁所後，一時還沒睡意，就坐在客廳想看電視，拿起遙控器正要選台，突然強震襲來，電視立刻摔落地下，冰箱從房子一頭滑衝向另一頭，他立即感覺不對勁，叫喊著老婆逃命，當爬下一樓到達地面時，發現屋外地面如海浪般波動不停，根本無法站立，往前抬頭看到村裡宮廟側影，他心中驚駭，因為平時是看不見廟的，這表示他家前鄰房已經倒塌。然後傳來巨大爆破聲，村子完全漆黑，整個天空卻變成一片紅色……。

阿伯是村裡藝術家，平時以木雕做出各種農具、農舍及動物等，一向天性樂觀，滿臉紅潤，但說起那麼久前的災難經驗，仍然難掩驚惶，一時面無血色，他蒼白著臉，眼中充滿淚水，讓我非常驚嚇又萬分不捨，對所有災區居民親身經歷規模七．三級地牛翻身，真是生命不可承受的極限震撼啊！

我也要很久以後才慢慢得知，其實悲痛還有比個人驚嚇受害更深的一面。有人的兄弟困在崩倒的瓦礫堆中呼救，做兄弟的在一旁莫可奈何，甚至父母被倒塌土角厝封埋而哀嚎，做子女的也無法做什麼，有的幸運地等到勇敢的救援，有的只能束手一旁聽著這求救聲漸轉微弱終至沉寂。災難後倖存者心中的自責創傷有時比生理性衝擊更難復原。

轉眼已經過了二十年，對於這麼嚴重的災難及損失代價，是否已換來不一樣的新的安居環境？災後重建初期，對於受害當時的普遍農村地區，很多的期許是——不要原樣恢復，而是想辦法在一新的平台上重建新農村或新街區，希望當時營建署推動的「創造城鄉新風貌」計畫，能更全面在受災區實現。就像是日月潭邊的某高樓飯店倒塌，夷成平地後，水潭景觀在此街道破口中呈現，很多人期待就保持這樣，讓路人可直接欣賞水景，但是最終大樓依舊蓋回來；名勝街在災後邀請東海、淡江、成大三所建築系師生共同研究的重建規劃建議方案，被街道重建委員會擱置一邊，而今天的名勝街商家亂象依然如昔。

中寮永平村主要街道店家幾乎全倒，喻肇青老師帶領的中原團隊投入數不清的時間精力，整合店家集體重建出較統一的沿街特色立面，但是以鄰里單元設想的公共停車及設施方面，最後皆無法實現。東海工作隊在北中寮七村沿樟平路設置公車亭，期待成為村民在地資訊點或觀光導覽介面，皆因後無內容經營而僅為硬體功能，而且地方無力維護。

或者，「新平台」、「新風貌」是外來團隊投射的不切實想像？災後檢討在建築技術面、結構設計安全考量，皆有專業上更嚴謹的改進，校園重建是其中最具共識部分，凝聚出「新校園運動」的願景與執行機制，從競圖評審、預算編列、工程發包等都從中央以特殊專案方式推動，成果也相當令人振奮。然而其中獲遠東建築獎的廣英國小，以及和興國小皆已遭廢校，目前出租給私人經營生態學園，這又是非關設計的偏鄉困境之一環。

到底盡了多少人力重建出新的鄉村？大批熱心的民間團體、學者師生、專業專家，前進地方而地方又真的前進了多少？地震時出生的小孩，今年已經上大二、大三了，震後的家園真的復原得亭亭玉立了嗎？

前進地方，摸索真正的需求？

九二一重災區集中在臺灣的「地方」層級，是全球化節點以外的邊陲地帶。全球化的經濟強光照射下，只是突顯出當時農業經濟顢頇衰弱，這也導致地方文化自信喪失，鄉村經濟社會處於退化狀況。

九二一震出人與地的感覺裂口，表面上那瞬間造成的斷層波動，將臺灣人口分成受災戶與非受災戶兩種，但事實上這種分野是方便政策的天真的慣性。災後數天，正當各方團隊想破頭應該如何規劃臨時安置單元時，政府通過一項辦法，立即讓需求數量變得不確定。當時的辦法是受災戶每人補貼三千元，希望提供給租用房屋的補助。有一阿嬤說她只一人獨住，子女都住在外頭，但家裡戶籍登記十六人，於是她每個月可領四萬八，她養有雞鴨、也種菜、在河邊洗衣、早睡早起，每個月開銷兩、三千元即夠。她身邊的鄰居阿嬤也是獨居，但戶籍登記八人，她們都突然多了一筆可觀收入。

東海工作隊很快募到一筆經費，可以幫忙趕搭出臨時安置屋，最早還天真地規劃近兩百床位的通鋪大統倉，但立刻就經由媒體得知「災民不是難民」，他們只是因為天災而意外失去家屋，並非一貧如洗（在往災區路上堆著不少舊棉被或舊衣服，大多沒人要），於是我們規劃八坪單元，但每人三千元的租金補助打亂了實際需求之估計，很快地大元建築事務所為慈濟在集集規劃設計出十二坪單元的臨時安置屋，這立刻變成一個需求標準。

全倒／半倒的判定也不容易，由專業公會組成評鑑小組，再搭配村里長協助，其中也難免灰色地帶。家屋重建立即遇到的問題是要求提出合法房屋證明，大部分受損房屋皆未申請建照，到鄉公所找到的地籍圖還是大正年間的版本，鄉村的法治狀況根本脫落在現代社會管理系統外邊，重建過程中終於將這些原先的自發發展納編進現代建管體系。

果然工作室（小非、亞力、卉怡、慈宜等主要成員）首先以準確流露地方味的高規格品質辦出《中寮鄉親報》，以此發布即時的相關重建訊息、在地人物報導、文史生態挖掘介紹，並且獲得一筆捐助，在北中寮創辦社區學園，找老師開出建築法規、木工、攝影、中英文（以方便學習基本電腦輸入）等課程，希望重建不只是恢復舊狀，而是在新的平台上學習新知識新技能、以新的方式重建（譬如結合產業振興，尤其是農業活化）。

但是只有攝影課最成功，因教課的亞力清晨六點把學員帶到野外拍攝，然後回到村裡暗房洗照片，再挑選好的作品登載於《中寮鄉親報》。老師日以繼夜地陪伴，並有發表機制，後來學員們還成立了「黑網仔攝影社團」，變成在地自發的影像採訪共學社群。其他課程老師從都市匆忙趕來、講完又匆忙離去的課程，大多效果不彰。

木工課是投入最大資源的課程，大手筆購置二手的各種電動機具，請到資深的木工師傅，希望災區民眾可習得一技之長，自己能動手投入重建自己家屋的行動，但是報名人數很少，都是外來人士加入，連我也報名參加。有次課間休息時逛到村長家，無意間步進內室，看見幾個年輕小夥子正在玩四色牌，我當時深受打擊。為什麼年輕力壯的在地青年不願利用我們提供的免費學習機會多學些技能，幫自己社區做些實質的協助？我們想要培力（empower）他們，他們卻寧可無所事事混日子？

「鄉村之所以是鄉村，就是因為它是鄉村」

我思考再三，領悟到「鄉村之所以是鄉村，就是因為它是鄉村」，很殘酷、也很真實，鄉村成為現代化發展的弱勢有其結構性的理由，因此有其能耐上的局限，與其將我們的價值觀強加於它，不如順著它，看它想做、能做、願做什麼？

溝通與了解，是絕對必要的，這意味著必須投入很多時間……超乎我們專業習慣的「調查」所需的時間。行動的依據是需求，但在災後現場的非常狀態中，需求幾乎隨時都在變化，很難定義「什麼是明確的需求？」

陪伴的意義比較大，到底幫到什麼？好像也說不上有哪些？二十年後回看，已經很清楚知道，鄉村社區重建很難一蹴可及，從新故鄉基金會在桃米坑、合樸市集發展到上下游農業網平台、龍眼林福利基金會老人送餐服務、石岡劉屋伙房文史體驗等少數至今仍活躍的作為，唯有深入鄉村產業經濟及社會文化問題根本面，長期與地方協力經營，才有可能累積出成效。

總之，天地不仁的部分，人力可補救復原硬體建設，人性習氣這部分，就不易即時扭轉，所謂「撼山易，撼人心難」。但不是說絕對困難，而是需要更多時間、更深入的著力。在當時農村，歷史尚未來到協商公共性的認知點，村民也還沒準備好做公民，農村的公共領域還有待孵熟，但是農村也不完全坐困自限，其實農村以自己固有的傳統轉化、以自己消化現代所吸收到的營養給自己力氣，或者說，以自己的歷史條件，而且堅持以自己的歷史條件在重建中往前進……即使緩慢，也一步一腳印地往前！

後來東海建築工作隊在中寮北七村常駐參與重建（一九九九至二〇〇六，另一支由關華山帶領在潭南村長期駐點），在中寮北邊我們非常幸運地能與果然工作室合作，她們是讓人肅然起敬的文化工作者，協助我們順著鄉村的能量脈絡，讓實質設計比較能貼切地發揮預期效用。

災難發生後，臺中建築師邱肇輝捐助二十萬，希望我們為災區示範抗震工法，做一小型構造物，他提到譬如幫受災戶做一小廁所。我們與果然朋友們跟村長及地方代表在廟裡討論如何進行，村民們想到地震後第二天村長娘就召集共煮共食，發展出幾處「大食堂」，讓大家多花力氣解決災後諸多事情。他們提到村裡，尤其山上，許多獨居或兩老居住，煮食麻煩，常吃剩菜，不如集中為老人煮食，讓老人一起共餐。於是，確定將捐款用來興建小廚房，要以輕鋼構、抹漿牆面施作。我們請洪育成建築師做出一個可愛的小設計，找到善心營造廠來施工，龍寶張董捐了廚具與餐桌椅，從二〇〇〇年夏開始煮食送餐，每天兩餐，除過年外全年無休，一直煮到今天。後來在持續過程裡，發現每天送兩餐等於每天探視老人家兩次，有不少獨居老人因此獲得每天定時看顧，這些年曾有急性胃潰瘍、腦中風突發病例被送餐員發現而及時送醫的案例。後來村子推動成立龍眼林福利協會，再又成立基金會，送餐服務擴大至臺中市，照顧弱勢老人。

北中寮盛產龍眼，果然團隊發掘出當地古法烘龍眼的一套軟硬體作法。經由她們找到八十多歲的老泥工師傅，以手工砌築出龍眼灶，共三個斜傾的烘床（各1.8 m×1.8 m×0.3 m），覆以竹編篾架，龍眼傾倒進烘床內竹篾架上，在烘床外豎坑燃燒木材，熱氣流即周遍烘床下，烘床內各點溫度可驚人地均衡分布。配合老師傅的手藝，再邀請徐光華建築師為灶體上方搭建活潑的木架棚子。傳統烘龍眼很費工，每隔數小時必須以人工翻動龍眼粒，兩天兩夜間不能間斷，品質風味絕佳。果然團隊再協助設計包裝文宣，舉辦龍眼節活動，當時幫地方成功熱銷。

傳統在地工法還有疊石工，老師傅不用水泥沙漿砌，以手工疊石頭做擋土牆，經過這次超強地震都能維持完好無損。相對地，現代工人在災後砌築的石牆，經幾次餘震就崩壞了。研B營、大四營在地實作時與疊石師傅合作，從梅花疊法中學到如何傳導垂直水平應力的常識。

有位村長英雄，九二一當夜率村民冒險搶救人命，在災難發生第一時間，餘震不斷中，帶領一群勇士搬動斷樑瓦礫徒手救人，這需要無比膽氣與強健力氣，整個晚上只憑一個村子力量救出自己村子所有受難生命（共救出二十六位困在土角厝崩垮堆的村民）。據說，在每一處房屋崩塌處救人時，村長都清楚哪個方向的房間內睡有哪些人，如此目標明確地精準救出受害者。當時只知讚嘆臺灣鄉村的社區營造做得多麼落實成功。二〇〇四年大選前，村長跟我說明選舉前固票的作法，選前一個月村長要挨家挨戶確定選票數，選前一週再全村固票一趟，選前一晚再一家家打電話固票。原來，每個村長都是選舉樁腳，在選前一輪輪固票訪查中，他清清楚楚地知道每戶有幾人，老人睡這間、小孩睡那間，救災時每戶人頭票數就是活生生人命，每條生命都在樁腳腦袋裡。我恍然大悟，原來不是社區營造做得成功，而是民主選舉的落實太成功了。我望著村長，一點也不影響我對他在強震那晚英勇救人的崇敬心情，只有這位村長用民主素養救活全村受難鄉親。

也就是說，臺灣鄉村其實有自己的傳統常識、見識與知識，足以救活自己拉拔自己，但通常要在非常時刻以非常強力方式觸發出來。我們老說去協助他們，但若是壓著他們自己的常識見識知識，強加上我們外來者自以為的知識，其實後來證明多屬事倍功半。九二一強震摧毀舊時代的土角厝，那是沒有選舉的時代蓋的，新時代的運作經驗是可以在崩毀舊架構中搶救出可能扭轉未來的生命，這只是災變中的一個故事而已。

謝英俊發展輕鋼構安置屋系統又是另一個故事，設計簡便容易上手的組裝單元及接頭，再喚醒久遠以前的換工習俗……互助交換蓋房子的工與料的傳統，以此讓災民合組自力造屋合作社，整合成「勞動匯流」（labor pool），其實也是時間匯流，大家為大家蓋自己的房子。謝英俊模式就是舊時代的鄰里關係的現代嫁接，以簡便技術促成自力互助模式……讓地方自己推動自己前進的模式。

災後我們做的至今仍持續使用的，還有槌球場棚架。災後農村中老年阿伯流行打槌球，只要一方草地就可玩起來。後來越玩越大，有人捐出更大的地，成立槌球協會，也跟外縣市聯誼比賽，需要觀賞、頒獎台，我們請曾瑋設計出一個活潑的木構造棚子，村民非常喜歡。後來，地主自己也在場邊蓋出自住房子，旁邊果園也捐出做公園，成為一處持續活化的村裡遊憩場所。

以上大致說明了一定要結合在地熟稔的生產機制、社會關係或持續有活力的社群組織，鄉村重建才能事半功倍、隨順著地方脈絡而不止復原、甚且激活往前進化。「鄉村之所以是鄉村，就是因為它是鄉村」有它的積極意義，老人廚房、龍眼灶、槌球場，背後是自發的社會、產業、休閒的在地活力，而且跨出村子、成為中寮北七村的中心設施，還延伸往外縣市服務或互動。二十年後回看，這些也應不是偶然。歷史發展來到這個階段，鄉村走過舊農業的苦悶壓抑，自發地為自己找出路，投射自己的新想像，使得重建可能出現這些持續運作至今的生活新系統。

野工團：向鄉村學習的設計教學

東海建築系於災後即時安排大四設計課（一九九九秋季）進入災區（爽文、長寮尾、潭南），後來安排二〇〇二大四設計課（中寮龍安村實作）、學士後碩班（研B）暑期設計營（二〇〇二至二〇〇三中寮、二〇〇四桃米坑、二〇〇五至二〇〇七盧山原住民部落），關華山老師在潭南駐點時與德國汗得學社、謝英俊團隊合作辦理夯土造屋工作營。後來，研A碩班設計課安排到埔里內埔（新故鄉基金會合作）、再加入夏鑄九、劉可強、喻肇青老師等跨校設計教學到土溝、馬祖。這一系列從九二一災後安置到重建參與的課程，延伸到臺南土溝、馬祖鐵坑的設計教學，師生投入到鄉村地區，了解鄉村、農漁業問題，這些課程讓師生走出系館，接觸土地第一線的真實，思索建築專業能夠如何找到改善問題的途徑。這種學習導向的介入，能夠為鄉村做出多少實質協助？其實是很有限的，但讓年輕學生的認知觸角伸向他們成長體驗的極限外，在學習層面上的收穫應是有的。

記得設計課安排在埔里牛眠山下內埔社區的同學，因教學交流而到南藝大師生駐點的土溝後，電話跟我興奮地提到，「老師，這裡沒有山！」我建議他們多關心平原上的水圳、舊糖鐵、河流與聚落關係，接著我們開拔到馬祖，發現那邊的聚落都出現在澳口（海灣處），而且方位考量與遠方島嶼有關（如廟宇朝向），於是我們知道必須以「平原論述」、「島嶼論述」來理解平原上、島嶼間的人地事物關係，帶著這些體會，我們回到內埔、中寮，設計一些方法，建立我們的

「山的論述」——掌握等高線分布，就能理解河流走向，就能知道聚落分布的道理，就知道橋與街路相交所在，然後了解土地廟與五營配置的格局，了解農業及相應的生活文化。做規劃設計最根本的素養——掌握以地理為本的空間秩序，就自然地被拉進設計討論來。後來，設計課安排做關於臺中規劃，就會以「盆地論述」來開始。

當然，年輕學生的實作功夫是不夠的，跟地方阿伯阿兄自然有一番學習。在一次設計營，學生男女四人一早去竹林砍竹子，半天後共砍了四十七根，每個人累得狼狽到不行，村裡大哥說怎麼不找他，他一小時可砍下一百根竹子。同學一夥日以繼夜地蹲地上鋪紅磚與卵石，到完工評圖前天只能靠村裡大哥來一鼓作氣完成。雖說同學手上功夫力氣不行，但我跟同學說，他們的設計想像成果，讓那些阿伯阿兄阿嬸阿嫂都嚇一跳，因為那些技藝純熟的工匠們一輩子也不敢像學生那樣敢想。

傳統建築系設計教學都傾向右派為主，在系館以假設條件做設計練習，對社會真實保持距離。在下鄉過程，我常跟同學說，「獅子搏虎用十分力氣，獅子搏兔也用十分力氣的」，在地方為阿伯阿姆做設計，不要以為他們看不懂，大家想破頭的好設計，他們是會打從心裡欣賞的。何況，整個鄉村作為設計議題，其實大概也算得是一隻大老虎吧！

後九二一的鄉村再造觀察

在私有權範圍內，重建後的實質居家環境與災前差異不大，這涉及複雜的個人、家庭結構、居家文化心理等較私密領域，外力能改變的幅度有限。在公共領域，有些新的公共設施（即使設置在私人土地上），如老人廚房、伙房重建開放成地方文史旅遊點，最特別的是桃米坑紙教堂，連結上臺日災難記憶，區位條件佳，加上鄉土特色開發——包括自然生態、農特產代銷，成為假日熱門景點。另如日月潭紅茶產業，也於災後發展新行銷包裝，脫胎換骨開發成地方特色品牌。

另如謝英俊的簡易造屋工法，雖沒在九二一重建中充分發揮，但在後來汶川地震與八八風災的協助重建上，完成相當規模安置屋／永久屋，持續改良這套造屋施作系統，這富有人道關懷的專業實踐，也獲得國際大獎肯定。

大藏團隊（甘銘源、李綠枝）做完埔里育英國小重建後，從宜蘭遷到雲林斗六落腳，持續致力於生態構築方向，近年開發竹結構工法，二〇一三年農博中的濕地規劃及竹結構棚架與房舍，皆是難得傑作。最近完工的烏日華德福學校，除一樓為RC結構，上層皆以竹結構為主，已經將生態構築融入環境教學了。完成三處災區國小重建的陳永興（前象集團建築師）則從宜蘭遷到臺南土溝，與曾旭正帶領的南藝大碩生畢業後成立的水牛工作室長期合作，鄉村型規劃及設計案子比例不少，也持續有精彩作品完成。

至於在地深耕團隊部分，廖嘉展、顏新珠主持的新故鄉基金會在埔里地區協助重建甚多，也一直常駐桃米坑，研請生態專家確認桃米生態資源，推動桃米生態見學園區，倡導有機耕種與生態保育，吸引民宿產業蓬勃發展。並在二〇〇五至二〇〇六年將日本神戶地震時建造的紙教堂遷往桃米重建，不只成為假日休閒勝地，而且成為周邊地區社會公益及產業振興平台。果然團隊馮小非與東海工作隊於中寮龍安村合作多年後，轉往中寮南邊溪底遙社區協助有機柳丁栽種，開發柳丁醋等加工產品，二〇〇六年與陳孟凱等創辦「合樸市集」，整合有機農業生產與消費環節，二〇一一年創辦「上下游新聞市集」社會企業，藉網路媒體—市集功能深入關心農業及友善土地。

震災時中寮龍安村長廖振益先生推動成立上述的老人廚房及送餐服務持續至今，後來擔任龍眼林福利協會理事長，綜理村內及周邊社會服務及產業行銷，後再成立龍眼林福利基金會，將社會服務延伸到臺中市社區。當年推動執行石岡劉家伙房祠堂重建的劉祥三理事長，也長期投入當地大埔客家文史考察，結合推廣客家美食、客家戲曲，充實重建後伙房作為旅遊文化體驗旅遊重點的內容。震災後魚池鄉一帶也重振已經沒落許久的阿薩姆紅茶產業，成為該地區的特色農產品牌。

以上僅根據個人有限資訊的理解，集中在一九九九至二〇〇六年期間，個人在南投縣北中寮地區——尤其以龍安村為中心——的過程中，同時對南中寮、潭南村、長寮尾、日月潭名勝街等地區的淺薄經驗，以及在建築系上異地教學到埔里內埔、桃米坑、臺南土溝、臺中石岡等地之短期觀察。

鄉村新精神的浮現

反芻這些屬於個人的經驗，也尚未做更深入的追蹤調查，但忽忽二十年後，若要問：「九二一震災是一次歷史性災難，讓受災區域付出生命財產損失的代價，災後重建換來什麼歷史性改變呢？」至少就鄉村地區而言，災前被假裝沒看見或故意忽視的問題，在眾所矚目的災後重建過程中，也總算被看見了。但只是被看見嗎？是否留下或開啟了什麼新的歷史性的元素或影響呢？

我個人認為，今天回看九二一災後重建二十週年，可以隱隱感受到它帶出一種新的「精神」，或說是一種精神性的方向，投射向一種更有理想性的未來，這在當年教育部主導的學校重建部分，顯得更清楚。校園重建的執行蔚成「新校園運動」，有些個案整合教育改革、校園建築與實質環境，甚至社區條件，新校園匯集各方能量，在重建成果中很直接可體會到其中蘊含的新精神。

其中重災區裡的潭南國小（大陸／姜樂靜）、廣英國小（徐岩奇團隊）、民和國中小（林洲民）、爽文（慈濟／大元）、中科（王維仁）、土牛—水尾—中峰國小（象集團─陳永興）、至誠國小（慈濟／黃建興），因強化教學空間計畫，教學設施也與在地社區共享，成為在地公共性節點。其他參與的建築師如劉木賢、呂欽文等，也都改變他們原先事務所方向，更多投入公共領域的建築類型，待災後校園重建有成後，這批新校園運動健將們再度集結力量，組織「建築改革合作社」，為建築界導入新精神，致力於當前不合理制度發動改革，希望建築專業往更具創新方向邁進。

在鄉村重建方面，初期狀況如前述（有時也因自己身在其中），感覺不那麼清楚有什麼「精神性」的東西出來，但是二十年來看著後來持續的努力，譬如在農業領域，有人繼續投入在土地倫理、有機栽培、甚至可見到農業生產到農村體驗／服務業的演進，有一線「新農業」的曙光，慢慢照亮新農村土地。

一種友善土地、友善社會的理性精神，貫穿在這新農業的核心。鄉村重建涉及產業，即農（漁牧）業，介入產業變革需要相當時間，不只是功能性的問題解決，也不僅止於解決單一或單方面問題，如同工程師那樣，問題解決就走人了。這種新精神來自於對土地問題的認識與倫理態度：從根本面體認到問題的千絲萬

上：村廟作醮之米龍展示。

下：中寮鄉永平街重建（喻肇青_中原建築團隊）。

縷、難以短時間解決，必須窮個人漫長時間投入，希望整個社會更好，如此的理想性追求，匯成一種新精神，二十年來漸可看見這一股新精神逐漸在鄉村土地上浮現。

新精神構造的核心

這新精神的構造是怎樣呢？

首先它是城鄉融合協力的構造。災後外來團隊原來扮演陪伴、催化角色，外來的理想與熱情，與在地組織合作，在重建過程中為地方找出路。之後，部分外來成員留下，並在鄉村／農業找到自己事業／安身立命之所在，在地者也獲得激勵與快速成長，並使原來重建協力關係更深化為鄉村再造的長期合作關係。對的「人」——他／她的理想、人脈、連結力、執行力、引動資源加成等，對地方或地區發揮很大的培力與協力影響。有時，就某個程度而言，外來團隊似被在地化了，他們留下，讓自己在鄉村重建中同時獲得個人成長、也拉著在地人共同成長。這些留下的外地者較不是工程師屬性，而比較是農夫型態的行動者——願付出長時間進行精神上的深耕、精耕，並認同個人事業即地方事業，所投下去的時間也化為個人生命內在的成長。「中興以人才為本」，後九二一的鄉村再造人才是在城鄉協力基礎上而共同長成的新人才組合。

第二，這新精神是多元—扁平神經網結的構造，這或來自民主化帶來的蛻變，尤其多所交纏的經絡神經靈活聯通，不必非靠中央幹脈派送指令不可、而又不離這主脈系統。這類似經脈打通，雖屬局部而還不是全面，但這局部都很近核心關鍵處。因蹲點時間長，甚至自己成為在地人，所以能直接切入問題核心，這些局部的效益可期待發揮針灸效應，帶動健康的農業、合理的農業產銷機制、有內容的體驗民宿、在地服務／老人送餐——固定探視老人生活，各方各層面有重疊也有連動。

第三，強女力的社會切面是這新精神構造的特徵之一，投入災後重建的許多非營利組織中青年女性比例明顯地高，過程中家庭婦女投入也多（尤其頭人妻的在地角色影響力），在地社區協會頭人中也不少女性理事長等，女性的韌性、耐力、協調力皆對重建導入正向影響。臺灣都會型企業與農村型產業這兩端，女力參與度最高，由這兩端往中間社經階層滲透，似乎是臺灣社會的發展中趨勢。

再來，這新精神構造核心是對社會「真實」的深切體悟，災後復原重建對災區與災民而言是切身的真實，重建過程必須看見實效，時間拉長後讓社會看見整個重建成果的「後效思考」（sequential thinking）——時間帶來的「知」，也就是說，行動是否有濟，時間會過濾出真實努力的後果公諸評判，災難過後二十年，很多事情攤開被檢視，其實可發現成果案例中的「務實想像」（pragmatic imagination）精神。

鄉村文藝復興之曙光

九二一災後重建帶出這新精神的本質，或可歸結出兩點，首先它是屬於一種「悲願型」精神改造，災難激發出同理心、悲憫情懷，這滲入進步的、連結的思維，願以較長時間換取更近真實的理解，化作更開闊的改革行動。這是社會強壯到相當程度才儲備起來的能量，二十年來臺灣周邊發生數次大型災難，臺灣以九二一經驗化成行動，對國內或境外災難做出實質上及精神上援助，如二〇〇八汶川大地震、二〇〇九莫拉克八八風災、二〇一一日本三一一大地震，民間都自發地展開跨區跨國災難互助、重建經驗交流的行動，二〇〇六完成的桃米紙教堂更是連結上一九九五神戶大地震重建精神的跨國友誼節點。

此外，這新精神的本質較多是產業─社會面的改造，尚未及於文化轉型，整體面地從生活到生命的「氣力」還正初萌，「鄉村文藝復興」路尚迢遙，但畢竟已現曙光。這新精神正待要從「悲願型」演化到「價值型」持續改造，根著大地的泥土價值觀長成時，就會引領新文化的出芽開花結果。

攝影家沈昭良的電子舞台車系列、電音三太子、甚至檳榔西施（近年已漸沒落），這些俗麗臺式現象，近十年被提到文化討論層次，這應屬鄉村文化的新包裝，其中有地方的活力，但是與「鄉村文藝復興」的路可能是岔開去的。我個人認為在參與重建期間，遇到地方廟會作醮時，祭品中擺出的「米龍」藝術讓人驚豔，這是米產業發展到巔峰所表現出來的在地藝術表現，這其中勃然升騰出的力量，才是與新精神相通的。而目前剛剛匯集起來的「新精神」，須更深入到更強的農村產業鏈，拉拔起土地活力導向的藝術文化。

但是，時代的腳步是不等人的，以目前趨勢看不久未來，臺灣的農業應難免面臨更高科技與更密集資本帶來的翻天覆地變化。觀諸已往臺灣歷次的現代化、科技化在工業部門的變革，皆未及著床於有土地意識的集體精神性基礎上，所以造成對環境生態、對人民生活的許多負面衝擊，九二一之後二十年間緩慢催出的鄉村再造的這精神性意識根苗，是為鄉村與農業涵蓄著這樣的時代性、歷史性的集體自覺意味，希望這新精神更快壯大起來，快快壯大到足夠有力，以調節、甚至介入即將來到的農業轉型大變化。

打造南瀛新校園

● 吳建邦／前臺南縣政府課長，現職臺南後壁區後壁國小校長
● 林谷達／前臺南縣政府課長，現職臺南市政府教育局專門委員

臺灣古稱瀛洲，臺南縣位於臺灣之南。臺南縣政府於民國九十九年出版《南瀛新校園——教育與建築的對話》專書，記錄自九十一年起縣府持續推動的校園新建築計畫，包括新建校舍及改建老舊危險教室共七十校，經費超過四十二億四千二百二十六萬元；新設學校四校，經費六億三千四百四十八萬元；圍牆解構三十二校，經費三千六百萬元；兒童圖書館二十校，經費六千五百萬元，以及南瀛科學教育園區以及蕭壠足球場等重大建設。

南瀛新校園的作法

自九十一年起開始進行校園整體規劃，並透過校園整體規劃基本規範、內容綱要的研訂、新（重）建校舍工程流程的掌握、設計諮詢協助的提供，期待打造南瀛新校園環境。

一、九十一年公布「臺南縣校園之空間規劃與建築設計基本規範」，以達到綠意、多蔭、親和、安全及好用五大基本目標。

二、九十一年公布「臺南縣校園整體規劃內容綱要暨學校基地測量工作項目」，並進行培文國小等二十校的校園整體規劃。其項目如下：學校內涵、校園現況分析（以調查圖／表呈現）、學校發展目標與需求、發展課題分析、構想與策略、空間計畫及第一期工程建築需求計畫書。

三、九十二年成立「臺南縣國民中小學校園整體規劃諮詢小組」，提供設計諮詢協助，落實校園規劃參與式設計。諮詢內容包含：校園規劃理念、校務中長程發展計畫、校舍興建基本設計諮詢、校園規劃技術、新設校園藍圖及學校工程基本設計審查。

四、九十三年進行臺南縣老舊校舍耐震安全初步評估作業。感謝成功大學建築系張嘉祥教授協助，麻豆國小陳德決校長及同仁承辦，自九十三年進行逾齡之國民中小學老舊校舍調查。張嘉祥教授所帶領的研究團隊以及主筆王瀅翠小姐，針對轄區內四十八所學校之九十七棟老舊校舍進行現況調查及耐震安全初步評估，依據「RC學校建築快速耐震診斷法」，計算各校舍之壁量比、柱量比以及現況條件，得到校舍初步評估結果。

本項工作執行期間自九十三年八月至十二月，評估結果顯示，縣內老舊校舍普遍存在壁量過低、柱量過低、樓層數高、或者平面形狀配置不佳與建齡過大等問題。因為存在這些問題，也導致這些老舊校舍耐震能力不足。有三分之二校舍建議再進一步詳細評估。

五、九十五至九十七年之校舍耐震安全詳細評估作業

校舍耐震能力詳細評估之目的在確認初步評估後有安全疑慮之校舍，其具體耐震能力為何，評估過程透過認可之電腦程式來進行分析，包括該棟校舍所能抵抗

之最大地表加速度、最大層間變位、以及在地震作用下其破壞點和破壞模式。

依據九十三年校舍初評之結果，第一階段選定了二十七棟校舍進行詳細評估，另透過「國民中小學老舊校舍整建計畫建築物耐震能力詳細評估及補強方案委外審查」計畫，委託成大研究發展基金會來執行評估審查作業。

審查過程由成功大學建築系教授及不同專長委員組成審查團隊，透過現勘、書面資料審查，以及嚴謹之討論來檢核詳評之執行方式以及執行結果。審查方式基本上採分段會議審查，過程由教育局派人主持，詳評團隊之建築師、技師須出席做報告，審查校舍所屬學校亦被要求出席參與會議，以了解過程和結果。

整個詳評於九十五年七至九月間，整理完成二十七棟校舍之詳評結果，並爭取到總額度十三億元之補強與重建經費。

六、九十八至九十九年之耐震詳評與補強推動

九十八年起，教育部與國家地震工程研究中心合作推動全國性中小學校舍耐震詳評及補強作業，所用的評估方法與前面內政部建築研究所所採用之強度韌性法有所不同，其對象遍及所有初評不及格者。臺南縣政府配合此項制度，先針對所

有國中小校舍進行初評，再分年依據初評Is值高低，進行詳評及補強設計。

九十八年度有一百一十八棟校舍進行詳細評估，其中一百一十二棟校舍為教育部補助，六棟為縣政府自費辦理。這一百一十八棟校舍中，有六十四棟評估結果須進行補強，四十六棟校舍進行拆除。九十九年有一百零三棟校舍進行耐震能力詳細評估，並再次委請成功大學建築系協助校舍詳細評估審查事宜。

機會是給準備好了的人

打造南瀛新校園，植基於依循教育部新校園運動軌跡及作法，其次，建立完整的校舍耐震安全評估資料，據以逐步拆除重建或補強校舍。最後，透過穩定的設計諮詢機制來確保學校建築的品質。過程中感謝所有人員的用心參與，讓師生得以在一個安全美觀及實用的教育空間環境下進行教學活動。

（資料來源：臺南縣政府（2010），《南瀛新校園——教育與建築的對話》。）

PART 2

改革是永遠的進行式，
「新校園運動」的演化和挑戰

向前展望新校園

● 曾旭正／國立臺南藝術大學教授

九二一大地震以來，二十年中我們在校園建築成就了什麼？還有待努力的又是什麼？

九二一地震嚴重震毀了臺灣中部的諸多地區，雖是巨大的不幸，卻也因此有了提升公共工程品質的機會，在中小學校園尤其如此。大地震之前的數十年間，臺灣各地的中小學校園，雖然所在的縣市政府每年都能拿到中央的補助，用於校園環境與建築的修繕或更新。但由於總經費有限，各縣市政府又多基於政治考量而普遍採取雨露均霑的分配方式，遂造成各校均貧，自然無法有足夠的經費來做完整的規劃與建設，甚至局部加建的方式也造成「老揹少」的奇特現象普遍存在，校園因此潛藏危機。

大地震將多年來積存於校園的種種問題翻騰出來，除了結構不良等基本問題之外，校舍配置不佳、學校與社區的關係疏離等問題也普遍存在。因此地震後的整體重建，其實提供了同時解決諸多問題的機會。究竟，我們的校園存在哪些問題？有哪些是校園重建可以有效解決的？新校園運動解決了哪些問題？又有哪些是新時代的挑戰，留待我輩持續努力？

舊問題與新校園

每個人都有校園生活經驗，但生活久了通常習而不察，總需要有點距離才得以盤點出問題。我們習慣的校園有什麼不足，與理想有何距離？顯然需要先界定什麼是理想的校園。

我主張一個好的校園應該具備三項基本[1]：

一、充滿善意的所在：機能充實、尺度宜人、自然綠意，讓孩童每日期待上學。

二、活動熱絡的所在：教學活潑、充滿智慧、人情濃郁，讓路人經過心生嚮往。

三、沉澱歷史的所在：累積痕跡、一脈相傳、材質古樸，讓校友輕易找到回憶。

要達成上述理想，顯然必需校方與建築師共同努力。前者要在課程設計、學校活動安排乃至師生互動方式上都認真著力，才足以營造出機能充實、教學活潑與活動熱絡的校園。而後者則可以在校園建築、景觀營造上努力，重視合宜的尺度、充滿綠意、符合生態、保有歷史痕跡乃至立意興建足以保存百年的新建築。

九二一新校園運動提供機會，讓校方與建築師做了初步的努力，透過整體改造解決之前普遍存在校園的問題。譬如：

一、透過改建計畫清理了老揹少的建築，其他的舊建築也經過耐震評估而陸續補強或拆除重建。經過教育部數波校園建築耐震評估與改建計畫，如今，絕大多數的中小學校園內已經沒有耐震不足的建築了。

二、整體改建才有機會徹底解決校園建築物配置不佳的問題，譬如埔里的南光國小，全校僅存一小棟新完工的午餐廚房，其他的建築物全都倒塌，全校配置才得以改變，譬如東西向的教室可以調整方位，避免悶熱耗能；校門也可以重設，其位置轉向社區，方便與學區連結。

三、重新想像教室單元格局，教室角、增設後陽台服務空間等成為新校園的共同特徵。少數具有實驗精神的校方與建築師，甚至嘗試了協同教學空間、套房式教室擁有班級的廁所等等，其成效則有賴觀察研究。

除了上述基本的成果外，新校園也帶來新造型的嘗試，譬如引入坡道、結合樓梯的溜滑梯、有拱圈的長廊、鐘塔意象的地標建築、甚至有高大喬木的操場等等。新校園往往因為這些創意而有了亮點，在社區中以新的面貌重現。

從教育的觀點看校園

不論是國小、國中或高中都是養成教育的基地，但校園其實不只在養成教育上發揮作用，它也對社區與社會的學習十分重要。從教育與學習的角度看校園，有幾項核心觀念是值得思考的。

一、所有發生在校園內的事情，不論好壞、不論突發或例常，都是教與學的素材。老師與學生就是校園的住民，他們之間的教與學不只發生在教室，也在校園的每一個角落；不僅靠紙筆，也靠言談與觀察。所以當校園內發生爭端上了媒體，學生從中學到什麼？校園有改建的機會時，師生又可以從中學到什麼？這都是校園經營者應該注意的。

二、校園本身就可以是一個大教具。雖然我們有音樂教室、實驗教室，配合各科目也都有種種教具，但我們往往忘了，校園也可以成為最大的教具。它可以是數學的教具，引導學生學會計算距離、面積與高度；校園的植栽就是活生生的自然科素材，可惜很少邀請老師一起規劃讓植栽與課程配合；它也可以是最好的歷史現場，提供人文歷史與在地地理的了解，但前提是保留了歷史痕跡。

三、校園往往是社區、城市的重要節點，它的形象可以發揮一定的社會示範作用。校園與社區的邊界，採開放或封閉，即表現出不同的姿態；隨著社會變遷，社會對校園產生新的需求，校園也應該大方支應，譬如老人日照、社區大學等。

未竟之路

是的，在快速變遷的社會中，校園需要有所變與不變。不該變的如歷史資產，校園絕對比其他機構更有責任率先保存；該變的則應勇敢承擔與開放，譬如發揮更積極的社區功能。由幾項社會趨勢可以推測現未來校園必要面對的挑戰，勇敢面對者，將是新校園的開創者。

首先，這是一個人人都需要不斷學習的時代。隨著社會學習需求的增加，校園的夜間將必需亮起來，提供社區大學、樂齡學堂等等教學機制進入。校園將不只是日間的學校，更是夜間的社區學習中心。

其次，資通訊技術改變學習的模式與空間。隨著網路速度提升，遠距教學、遠距醫療、網購、視訊會議等都將更加普遍。如此一來，再偏遠的地方也能讓學生接上哈佛大學的開放課程，也能讓人參與會議。因此，新時代的校園應該更積極地扮演各種新知能的入口。

第三，因為韌性城市的需求，校園尤其應該發揮積極的功能。操場可以降低，必要時作為社區滯洪池；建築物應該同時考量提供居民避災的功能，成為最安全、設備齊全的最佳避難所。

註

1——有關理想校園與校園規劃設計重點，請參考曾旭正，2008，「校園空間營造的教育思考」，收於《教育研究月刊》第174期，頁39-48。

未來校園品質的關鍵因素與願景

——訪教育部范巽綠次長

●採訪整理／呂欽文

范巽綠，大家都暱稱她為Lulu，是政界人士中與環境設計專業（包括建築與景觀），關係最密切、互動最頻繁的政務官。二〇〇〇年九二一大地震當時，以教育部次長的身分主導災區校園重建，二〇〇八至二〇一五年在高雄擔任市政顧問，二〇一五擔任高雄教育局長，到二〇一八年再次回到教育部擔任次長。這將近二十年的時間裡，她與環境設計界的朋友幾乎是形影不離；有Lulu的地方一定看得到設計界的朋友，設計界的聚會也總是有Lulu的身影。Lulu與建改社關係更是親近，她看著這群朋友從新校園運動合作社一路發展到今天的建改社。

人是根本因素

范巽綠曾花了相當多的時間在校園改造。若說誰見識過最多的校園工程，在范次長前面應沒人敢說他是第一。在大大小小，林林總總的各類型工程中，有許多是成功的，當然也有許多是不盡如意的。

同樣是理想色彩濃厚的校園工程，究竟是什麼樣的因素造成不同的結果？這不僅是公部門常在問的問題，也是設計界的疑惑；這也不僅是校園工程值得探討的議題，更是所有公共工程同樣面臨的疑問。

「我認為『人』是根本的因素！從中央到地方，需要有理念的主其事者！」

范次長的第一句話就明確地給了答案。

「就以九二一新校園重建的過程來說，從建立觀念、決定方向、內部溝通，都涉及到人；評選階段，更需要好的評選委員選出好的作品，評選委員中要有適當的專業背景比例……；進入到招標施工過程的時候，更需要有好的採購制度（像最有利標的配合），這當然就需要有理念的工程主管來協助制訂配套的作法。……光這樣還不夠，若到了各地方政府，機關首長及承辦人員如果缺乏理念，為了避免承擔不必要的責任，會習慣性的因循於過去的作法，造成執行理念的最大障礙，整件事情又都會回到原點……」

我們必須說，范次長以中央行政主管的高位，所觀察到的「工程現象」相當準確。從過去的宜蘭陳定南，新竹蔡仁堅、高雄陳菊，到最近的林智堅，林右昌、鄭文燦分別在新竹、基隆、及桃園，所表現的建設實績，我們都看到了一個共同點：首長的「理想性」與「意志力」。這些首長都有很清楚的願景，而且都是進步的、具有國際觀的願景，不是為建設而建設的那種。在這樣的願景下，網羅了具有行動力的幕僚群，包括專業顧問，也會以高標準遴聘符合專業素養的評審團隊。因為這些幕僚群擬定了合宜的建設計畫及招標制度，大大地誘發了有理想性的專業者參與執行。好的專業團隊的規劃設計結果，在合理的工程招標配合下，自然就能帶動營造廠的積極態度，促進工程品質的良性發展。工程能進行到這樣，離好品質的建設成果就不遠了。

好首長↓好幕僚↓好專業團隊↓好營造廠↓好品質

總的來說，好的機關領導人，不管是政務主管、地方首長、機關長官，在整個建設過程中扮演了火車頭的角色。領導人一念之差，可以影響後面一連串的發展，可能將整列火車帶向不同的方向。

這個發展脈絡是范政次的體會，也是實證的結果；這個邏輯關係，當然也是我們業界最能心領神會的。我們常感嘆的，就是遇人不淑、熱臉貼冷屁股，空有滿腔熱情，卻常弄得鼻青眼腫。

談到領導人的理念，范政次回憶，九二一當時，幸虧教育部沒急就章拿國中小標準圖重建，才會有那麼多具有地方特色、空間創意的新校園出現。「觀念先行」是范政次回頭看九二一最感欣慰的行動綱領，但這可是要頂住多大的壓力，甚至要多少莫名其妙的「抹黑」才能熬得出來的。

「要知道，不論是校長還是總務人員，沒有幾個人過去有校園建設的經驗。一個好的理念，不見得能被體認；甚至還會招致很多外界的中傷……。」

從歷史的長河看來，「波折」只是一時的，「存在」卻是永久的。要能挺得住一時的波折，才會有永久「美好」的存在。面對波折與衝擊，就要靠堅定的理念與願景的支撐，九二一的過程正給了非常鮮明的例子。

制度需要配合

「經過這麼多年的培養，我們有許多國外回來的設計師，但如果公部門沒有好的制度，就沒法讓他們有表現的機會。好的機制包括合理的服務費率、充足的工作時間，以及符合行情的預算。……我強烈希望公共工程委員會能有宏觀的視野，把這件事當作攸關國力展現的問題，認真面對。……」

這些我們環境設計界常講的話，從范政次口中說出，一點也不讓人意外。多少年來，Lulu與各領域的設計專業者緊密來往。一方面殷殷希望各個教育建設有好的設計人才進場，能有好的結果；但也了解公部門的各種機制如何傷害了專業者的熱情，阻卻了專業者參與的意願。Lulu也了解設計界與公部門的理念扞格，會如何浪費寶貴的社會資源。范政次有這樣的省思與呼籲，實基於對現況的了解。

但我們也必須坦白的說，二十年過去了，許多老問題仍然揮之不去，總好像春風吹又生。政務部門的觀念，仍存在著許多的不合時宜，還有待持續的改革！

如何建構願景

「人」是影響終極品質的根本因素，這句話應是無庸置疑的。但什麼樣的「願景」才是好的願景，卻是需要定義的。譬如，同樣積極作為、抱持「願景」的校長，一個希望蓋一個宏偉的校門、彰顯教育場域的重要，一個卻是傾向退縮內斂、希望表現親和的教育風格。孰好孰壞，「進步」的標準為何，「品質」的標準又為何？

范次長知道這樣的爭議確實存在，也是非常重要的課題。

「我現在有機會從國家領導團隊之一的角度來看，我認為我們的文官與政務官的體系，都應具備環境美學的素養。文官體系要有國際視野，能夠思考未來的需要；所有部門的政務官也都要具備美學素養，當談到公共工程時要把層次拉到一定的高度。政黨輪替上任之前，都應到各地參訪，培養國際視野，與國際接軌。以現在的資訊，不論是國內或是國外的，要看到好的東西並不困難。如果能多一點見識，多一點體驗，就不難培養進步的觀念與合宜的願景」。

這實在是值得期待的事，想像一群政務官到美好的場域，細細觀察與了解所謂環境美感……。

領導人美學素養的建立，社會全面的美學水平的提升，當然涉及到「美學教育」。范次長擔任高雄教育局長後特別注重校園空間美學的改造。從國高中重建到幼兒園設計，她不斷的鼓勵參與者參考國內外案例，提高設計能量，讓美學能夠從校園空間的設計發芽，進而影響社會。

當然，從教育部的高度，我們也看到范次長不斷連結教育與設計專業，包括原住民文化設計團體的介入，試圖媒合各方力量，全面提升美學教育。這功課，有點像揉麵糰，需要時間、需要力量、更需要「感覺」！

體驗的重要

然而，「美」是一個抽象的概念，什麼是「美」？「美」的標準如何建立？

對我的這樣的疑問，Lulu給的答案很簡單，但就我的教學與實務經驗來說，卻是很真切的：

「多看看，多體驗；經過體驗後能夠留下美好經驗的，就會是『美』的東西！」

確實，「美」與經驗是息息相關的。人總是以既有的經驗判斷新的事物。唯有提供體驗美好事物的機會，才有可能改變既有的印象。營造更多的好環境，媒介更多的接觸機會，點點滴滴的在我們社會上深根，這恐怕是最直接、最有效的途徑！

「當然，這不是三兩年可以成就的，恐怕需要一整個世代的改造。」一路途雖然還很遙遠，行遠必自邇，公部門有這樣的體認，有政務官願意展開行動，總是可以讓人滿懷希望的！

未來的校園應該如何？

很巧的，Lulu第一次到教育部當次長，適逢教改，開啟了新校園運動的許多理念。九二一當時，在范政次的主導下，一個個災區校園，以新校園的理念重建完成。建築界一直稱范巽綠為「新校園運動之母」。

二十年過去了，政黨多次輪替，范巽綠再次回到教育部，這回則是一〇八教綱剛好上路。現在的范政次給自己的使命是「探索未來世代的學習空間」。

這是個很有意義的題目。范政次這樣認為：

「隨著網路世界的迅速發展，教育的方式已經不一樣了，學習的型態當然也不一樣了。回應科技的無所不在，既要保持團體中角色的互動，又要兼顧個體的獨立自主，這會是新世代教與學的基本模式。在這個前提下，教室該長成什麼樣子，是必須重新思考的問題。……」

她最近花了相當的時間參訪北歐及亞洲的學校。即使是開發程度與我們相當的韓國，他們都已經投入相當的資源發展學習空間，不論是空間形式或是家具設備，都呈現了一定的進步性、能充分反映未來的學習模式。

「我在高雄當教育局長時，啟動了新校園五・〇，重新思考在整體都市架構下的校園型態，有十四所學校重新改造；前瞻計畫及新幼兒園計畫進來後，更利用難得的經費，鼓勵翻轉傳統的空間型態……。」

儼然，一股新的校園規劃風潮正在吹起。

「要符合使用者的需求！」這是范次長給設計界的新的課題。當人性化、地方化、生態化這些當年新校園運動的核心理念已成為今日校園規劃設計的abc時，「要符合使用者的需求」這道新的課題，在今日的環境與未來的展望，是適切與直白的，也是我們環境設計專業者應銘記在心的！

災區巡視。

不只是硬體，更期待校園文化的改變

——訪教育部參事邱乾國

● 採訪整理／殷寶寧

「回首新校園運動二十年來，我在意的是這個運動之後，對學校產生的意義與影響是什麼？我期待的不只是硬體的改善，更是校園文化的改變。」

——邱乾國參事

邱乾國。現任教育部參事，部長辦公室室主任。前一個職務為國民教育署署長。就年齡來看，邱乾國仍相當年輕，但以公務員的資歷來說，在教育行政界，特別是學校建築的專業領域，邱參事已經可以稱得上是國內歷練最為完整、經驗最嫻熟，資深卻持續充滿熱情的領導者。在進入教育部之前，邱乾國任職於臺北市政府教育局的學校工程科，第一線親身貼近校園工程實務面的各種疑難雜症。轉任到教育部國民教育司後，原本以為可以脫離第一線的實務工作，轉以政策規劃與推動為主，一九九九年的九二一大地震，從此翻轉了邱乾國的公務生涯。

或許沒人想像得到，在偌大的國民教育政策業務範疇中，當發生了中部災區一千多所學校受災，近三百所學校有至少一棟要新建或必須全部重建，如此驚人的龐大工作量，整個教育部國教司僅有一位科長和一位專員負責這樣業務量。當時的鄭來長科長和邱乾國專員，兩個人任勞任怨地扛起這個重任，只期盼能夠讓災區的孩子，早日有安全的校舍，可以看到孩子們健康的笑顏，重新回到學校上課。

九二一新校園運動留下了什麼

邱乾國回想這段重建過程的挑戰，他認為，在二十年後回想這段歷程，他自己也很關注的是，這個運動到底對學校產生了什麼意義？對學校有意義，也就是，留下了什麼價值給學校，這才是最重要的。

他提到，至今他都還非常認同新校園運動所提出來的八項原則[1]，不僅因為這些原則現在看來都還是重要的價值，更重要的是，以前對校園建築的想法是，期待以硬體來改變校園的文化，但以他的工作經驗長期耕耘下來，他想說的是，這樣的價值，更可以是從軟體層面，從校園精神層面帶來改變。

舉例來說，所謂的師生參與，以前可能關注的是，希望在校園規劃設計的硬體工程中，需要納入師生參與的精神；然而，經歷這些年的陶養與沉澱後，這樣的師生參與價值，可能是已經深刻內化到校園內的溝通與決策過程了。

邱參事舉例說明。他說，在擔任國教署長任內，每年都會請學校提報整修計畫。但他問校長，為什麼我們每年投注這麼多經費和心力去做學校的整建，可是校內師生可能完全沒有感覺，覺得校長好像沒有為學校做些什麼事情。他提醒校長，會產生這樣的矛盾現象，是不是因為校長沒有讓校內的師生成員，從他們心裡去說出他們對於這個校園的期待或想法？參事接著說，事實上，校長跟師生都在同一個校園裡，共同生活，每天在這個場域裡，大家心裡想的、需要的，或是面臨的問題可能是類似的，感受是很接近的。但是，如果校長先讓大家說出自己的想法和期待，再和校長自己原本的規劃相互整合，是不是就能描繪出校內所有成員共同的期待和夢想？如此一來，當跟國教署申請經費去執行出來的整建計畫，是否也就讓校內師生很有感？這不就是一種師生共同參與的過程？即使不是針對特定硬體計畫的參與式設計的討論，但這種由下到上的意見匯集，反而能達到一種在校內公共議題的對話和決策方式。這不就是一種平等、溝通跟對話嗎？久而久之，這些作法就會改變一個組織內部的文化，進而改變了校園內的文化。

邱參事認為，這是他在新校園運動過程中學校的寶貴價值，也是他在擔任政策規劃、執行與決策過程中，不斷提醒自己要關注的思考角度。

期盼在校園建築裡看到孩子的身影

邱參事提起，以往談到這些校園整建工程，執行端總是會強調從規劃端就有開始討論，強調有完整的計畫。但他經歷過新校園運動後，感觸更深了。他經常跟許多校長分享的經驗是，我們參與校園建築的規劃工作，建築設計不管做得多好，在他看來，最多也就只是及格而已。他更希望聽到的是關於校園裡的人跟這些建築的關係——這些校園建築在學生的校園日常生活中，扮演什麼角色？有哪些在空間中出現的活動跟學生有關？他在意的是校園裡的人，而不是房子。也因此，他更在意的是校園文化是否能在這個持續溝通的過程中，產生改變。他認為，公務員，包含校長，在這個過程中應該要提出的是願景，要為達到這些願景的困境找到解決的方法。例如，他後來會做友善校園，或是做廁所和宿舍的改善，做老舊校舍結構安全體檢，包含最近推動的原住民文化地區的新校園運動，強調回歸原住民文化本體，這些都是回歸到使用者的本質，提出願景所規劃出來的政策。

在兩年的國教署長任內，他認為，傾聽、同理和實踐是他經常提醒自己的。他舉例提到，由於國教業務要一體適用各個縣市與地區，長期以來，累積了很多因為地區差異被忽略的課題，因此，只要學校反映，署長會即時地回應與調整。例如臺東位處偏遠，臺東的國教夥伴曾經提到，學校編列的差旅費有限，不利於學校對外的業務推動，署長即要求檢討調高；也有校長提到，以往僅北高直轄市的學校有秘書加給，衍生不盡合理的現象署長也全面檢討；此外，先後曾經有兩所學校老師反映宿舍現況不理想，署長請各校會報教師宿舍的檢視，發現的確很多宿舍已經年久失修，也專案編列經費改善。至於全民更有感的營養午餐政策，國教署調整營養師的編制，增加午餐執秘，增加廚房設備，調整費用比例，確保經費能夠全面投入食材採買，讓孩子們真正享有高品質的午餐。

邱參事以其長年服務的經驗提出觀察：公務機關有兩種重要特性，一種是慣性，一種是惰性。慣性是讓組織可以持續最基本的運作，而所謂的惰性當然是指組織不願意做改變。但有趣的是，一旦讓組織產生內在的變化，則很有可能因為慣性，讓組織持續往好的、正向的方向改變。如果要說新校園運動是否真的改變或留下什麼，或許可以說，當改變出現，對組織發生作用時，很可能就會持續地發揮影響。

從中央到地方：用腳來了解學校的真正需求

在教育部服務相當時間後，邱參事的傑出表現有目共睹，也前後受邀到新竹縣擔任教育處處長，以及臺中市的教育局副局長。他特別提到，在地方政府服務的工作經驗，讓他有更多樣的磨練，特別是所謂的城鄉差距等課題，這些都非常深刻地發生在他服務的現場，讓他可以重新以不同的角度來審視這些教育政策在規劃和執行端的連結。

因此，當他重新回到國教署，面對許多政策的制定過程，他經常會問自己，這些政策是不是能夠對地方產生幫助？如果他還是地方教育行政首長，他是否會歡迎這個政策？也就是說，要能夠經常站在對方的角度，幫對方設想，因為政策就是要不斷地跟對方對話。他也說道，了解學校需求的最好方式是用腳，只要經常到第一線去看，很多做出來的東西就不會太離譜。

他提到，他在國教署任內，做了許多校園再造的工作。包含從廁所改造、打造友善校園、改善宿舍空間品質、校舍安全與結構補強，鼓勵提報校園文資，一直到推動原住民文化都是在這樣的思考脈絡下。邱參事不諱言，九二一校園重建給他自己最重要的改變，或許是提醒他，只要願意做，換個角度想，事情會完全不一樣。他以自己多年公務員身分的角度指出，體制讓公務員都變成被綑綁的人，然而，社會脈動一直走在前面，只要公務員願意改變，就會離這個社會近一點；願意做，這個社會就會進步得快一點。雖然公務員常說要「依法行政」，但這句話的重點是要解決問題，不是製造更多的問題。然而，第一線的公務員通常可能沒有足夠的歷練，沒有這樣的思維。因此，上面要有人帶，這是首長的責任，要讓第一線公務員知道，如果在心態上將任何新的政策想法當成是苦差事，當然會很難受，但若是當成資產來看，感受一定不同。因此，公務員要能夠從對方的角度來思考。

例如，邱參事在擔任署長期間，就經常和學校座談，直接問他們第一線面臨的問題是什麼，直接幫他們處理很多法規鬆綁的事情。這樣的經驗，或許也可以對應到當時的新校園運動其實就是必須由長官到第一線，務實地解決許多實質的問題，才能夠讓好的政策被推動，進而帶動真實的改變。

從傾聽、同理到實踐的政策價值

「新校園運動二十年來，我們沒有必要再去強調或是詮釋過往的傷痛，而是要能看到對未來的展望，產生了什麼樣的意義與價值。這同時是期待能在學校的硬體與心理帶來改變。」對他來說，新校園運動或許就像是種了一顆種子，讓種子慢慢萌芽，校園文化產生改變，學校裡的人都會有感的。邱參事也提到，他自己期待能夠做到的，是希望學校會記得你，想要感謝你，想把你的名字放在心裡，因為這表示你真的從學校需要的角度幫助到學校，學校是會有感受的。

再換個角度來舉例好了。邱參事提到，在蘭嶼有大量政府蓋的國民住宅，這是當時政府照顧原住民的德政，希望蓋給原住民居住，但這根本不是他們的文化，所以沒有人要住。因此，他經常會說：「漢人思考下的善意，很有可能就會摧毀原住民文化。」他也提到，花蓮有位原住民籍的校長曾經跟他說過，「想要對原住民好的人很多，但參事對原住民就是多了一份觀察與理解，這是其他長官所沒有的。」

他特別舉出這個例子想要說明，公務員在各自的職務場域，其實是可以有很多力量的，但是，這個力量好不好用，得看用的人。要懂得整合，不要僵化。但最重要的，還是要能夠站在對方的需要，從傾聽、同理，透過這些觀察與理解，才能夠真的產出對方有感的政策，讓對方真的能被政策的規劃與執行感動。

二十年前的新校園運動或許就真的如參事所言，埋下了種子，並且期待可以在學校建築的硬體改造得更美好之餘，看到校園文化也產生本質上的改變，朝向一個更為平等、溝通與對話的教育場域。

註

1——這八項原則包括了：1.確保安全、健康、舒適的無障礙環境。2.落實高效能且符合機能的教學環境。3.營建可供社區終身學習及景觀地標之核心設施。4.依據學校整體規劃推動校園重建工作。5.成立校園規劃重建小組、落實開放公共參與。6.建立校園與學區、社區資源之整合與共享模式。7.確保校園重建期間，學習與生活環境品質。8.永續發展綠色校園環境。

前浪已遠，期待下一波變革

——「新校園運動」一·〇與二·〇的距離

● 郭一勤／崑山科技大學空間設計系助理教授

若以九二一震後「新校園運動」二十年為起點，這段經驗究竟為臺灣社會留下甚麼？如果將這個問題納入聯考，應該會這樣問。請問新校園運動的特色為何：

- 由教育部長發表給全國建築師的公開信，宣告推動新校園重建計畫。
- 舉辦公開競圖並事先公布競圖評審名單。
- 採取最有利標。

- 將推動四一〇教改以來的教育理念，透過參與式設計落實為校園空間。
- 給予規劃設計單位合理的工作期程。
- 透過工程顧問公司進行專案管理。
- 以上皆是。

習慣背多分考試的我們，應該答題很容易。但考試如果在其他國家，命題方式應該不一樣，例如：

九二一震後的「新校園運動」由教育部長曾志朗發表「給全國建築師的公開信」開始，邀請全國建築師參與重建。信中宣示建築競圖將採用最有利標，公平、公正、公開的競圖，事先公布評審團名單，給予設計單位合理的工作時程、並且以設計概念經歷作為評審依據……這些作法，為後續的「新校園運動」在制度面定調。這段經驗為後來的學校建築產生什麼影響？

這種問法，不是背答案的，是透過考試引導學習，鼓勵學生了解事件的脈絡以及深入思考。題目說明了「新校園運動」成形的關鍵因素，但後續影響為何呢？這場運動（movement）促成了哪些變革？

改變只是曾經？

日後的設計競圖會事先公開評審名單嗎？不會。不只不會，連評審團的專業都很值得討論。主辦單位常說評審名單一但公開，可能會造成評審困擾，例如關說與請託，因此傾向不公開。但一般業界仍認為，評審組成依舊黑箱，依舊充滿了操作空間。廣告說電腦可以選花生，實際上電腦也可以選出老闆要的名單，而且屢試不爽。評審的專業度一直都不是被認同的標準。

那麼規劃設計勞務採購會採取最有利標嗎？答案是不一定。有些地方評選設計團隊，是以通過評選的團隊中最低價者得標。評審會議只需剔除不合格團隊，接下來的廝殺交給價格決定。建築師朋友解讀說，意思是設計費我就不要了，設計費只能靠綁定材料的回扣或以後追加款項得到。

會給設計單位合理的工作期程嗎？很難說！這涉及修改設計的幅度以及專案管理審查的意見為何。建築師朋友經驗談是，設計做完也請水電、結構協力單位做了設計，仍會遇到委託單位說基地位置要再變動。承辦起初都說確定了、確認了，後來又說變動是長官的意見，自己也沒辦法，請廠商幫一下忙。只要主辦單位不簽核，設計單位也拿不到規劃設計費。因此，建築師往往只能硬著頭皮作，只是心裡總過不去。

會有專案管理協助嗎？新設學校大部分還是單靠校長跟總務主任搞定，參與式設計想要的對話機制，在現實中其實很難。如果是增建，往往也是形式一下。老師們說教學負擔重，尤其是都會區的學校，來自家長LINE群組的壓力非常大。換言之，促成「新校園運動」，各種制度內的彈性作法，說真的，並未真正而穩定的影響我們的公共工程文化。

「新校園運動」的起手式

地動之所以綻放出美麗的花朵與「九二一地震重建特別條例」的施行有關。相較於地震初期，適逢總統大選，重建基調以迅速、復原為主。扁政府上台後，清點了尚未進行重建的學校，這些學校多半位於偏鄉，學校規模不大，缺乏吸引民間參與重建的誘因，是被遺忘的一群。教育部接管／代辦了設計團隊評選，地方政治中的地緣政商關係暫時鬆脫，處於一種脫離常軌的狀態。基於評審名單的信任，原本抗拒公共工程的團隊紛紛投入重建工作，這是過去難以想像的陣容。這些團隊將過去幾年教育改革理念轉化為空間，並且發揮高度創意，創造了前所未見的校園設計成果。

「新校園運動」當然不是一天造成的，花開的種子，是在九〇年代，宜蘭推動校園整體規劃時埋下的。透過預算集中、先期規劃、逐年實施等作法，將校園視為區域整體景觀的一部分。理解地方特色的建築師、公部門與學校組成三位一體夥伴關係，共同為宜蘭的學校建築開啟了新頁。這個時期，也是政治上解嚴的年代，各種議題在社會上奔放發酵，勞工的、性別的、農民的、政治的、教育的、社區的、住屋的……，這些社會力對於建築專業形成強大的穿透力，以社區總體營造為主的論述實踐，促成了建築專業的反省與改造。社區總體營造是打造新國族認同的一部分，也是政治權力下放地方的過程。自己的社區自己來，各種以社區為議題的提案紛紛出爐。其中，反應在校園的是學校與社區關係的討論，例如圍牆存廢與否涉及校園安全的問題，以及校園／社區關係的再定義；圖書館、運動空間的開放涉及資源如何共享；生態池與生態環境的議題涉及綠色環境的延續。此外，回應教育改革的聲浪，九年一貫、一綱多本、班群、協同教學、鄉土教育等理念，各種靈活的、非線性的，以班群為主的空間配置形成主流，加上區域的風土特色如：多雨、綠色環境創造了宜蘭校園整體規劃的樣貌。這些案例雖然引來設計過度的檢討聲浪，卻是臺灣校園生產巨大轉變的濫觴。

九二一地震後的重建，正值總統大選，效率與速度是重建工作的主要基調，民間各種救援工作也同步展開。其中TVBS文教基金會、臺大城鄉基金會、埔里文教基金會、人本教育基金會與專業者都市改革組織形成聯盟，投入以埔里為主的校園重建。參與式設計是埔里經驗的核心價值，透過參與、討論、對話，教育與空間專業有了對話。此時，宜蘭實施整體校園規劃的案例參訪，成為溝通過程中最好的例證。於是，聯盟由埔里六校聯盟擴增為八校，經驗持續擴散。後來創造性的校園成果展即是以這段經驗成果為主。這是對社會各界的說帖與強心劑，也是後來「新校園運動」的起手式。

下一波校園空間的課題

如果將「新校園運動」視為一場重校園空間革命戰役，打得的確漂亮。但很可惜這場戰役的勝利並未擴散，我們或許打下灘頭堡，卻仍未打下江山。對大多數建築師來說，自行解讀何謂進步的學校建築，將教育「需求」轉譯為設計語彙已是很普遍而熟練的操作手法了，但隱藏在採購法背後公共工程幽靈卻仍久久不散。換個角度想「新校園運動」的浪頭過去了，逝者已矣，但下一波校園空間的課題為何？我認為可將校園視為城鄉發展課題的活棋。面對少子化以及人口快速老化的挑戰，偏遠地區學校往往面臨廢校的壓力，這些空間可以考慮作為地方創生的基地，作為產地到餐桌的食農小旅行基地，或者作為社區長照計畫的空間。例如臺南新化的礁坑社區就利用廢棄小學，發展類似社會企業的社區企業，回饋所得，發展社區關懷照護等社會福利政策。都會地區學校，則可以考慮彈性與多元運用的可能。以臺北市為例，預計十五年內有七〇％的學校因結構安全因素需要整建，這個數字約略是二三六所。

在資源共享的概念下，學校可以善用空間資源及區位優勢，嵌入顧老托幼的機制，將營養午餐與老人共餐結合；去除本位主義，配置互補的運動設施類型；善用校園空間作為綠色環境與韌性城市系的一部分；檢討地區的停車需求並將學校作為防災急難救助中心。這些多元的可能，不會是單一學校可以應付的，而是需要政策的引導與制訂，重新賦予都市計畫與設計中學校的角色，學校將會是我們生活中的核心。

如同芬蘭的教育改革已經取消分科的作法，改以主題替換，我認為學校概念應該轉變為一種開放的平台，不再只是兒童、青少年的學習空間，而是全齡化的生活空間。至於，採購法與採購文化所造成的種種困境，更是全面的影響我們所有公共工程品質，透過民間團體如建改社的遊說與立法委員吳思瑤等人的支持，終於有了改革的第一步，希望改革腳步，可以持續下去。

放大的家屋，縮小的城市

——後九二一與社區緊密連結，崇尚風土環境的校園設計

●陳永興／水牛建築師事務所建築師

二〇〇九年七月，水牛建築師事務所於臺南後壁土溝村木造古厝內，正式掛牌開業，展開以嘉南平原為基地的空間探索與設計實踐。除了關注整體鄉村社區公共事務發展之外，各種不同尺度的校園空間規劃設計，成為水牛建築師事務所最積極參與的核心工作。

從較大規模的老舊校舍改建、補強到微形的景觀設計，圖書室、廁所、通廊、運動場、遊戲場、幼兒園等設計項目，可以說從九二一新校園一·〇版到五·〇

版，都實質參與且延續了新校園運動的精神。

服務的對象，大多是資源最欠缺的偏鄉地區，甚至跨海到金門島。也許這領域是最欠缺設計服務的地區，水牛建築師事務所的逆向思維反而成為一片設計自由創作的藍海。近年來並擴及至實驗教育的建築空間探索與實踐，更深度的從認知並理解第一線的教育場域來檢視學校建築的設計。

新校園運動精神在南臺灣

二十年前，九二一新校園運動成為臺灣校園空間改造的革命性里程碑，但當時的氛圍是創新自由的空間設計，實踐在相對保守的教育現場，也呈現出使用上與設計意圖上的落差。許多原本為開放式、協同式教育的空間，卻未發揮使用上的實質效益。「參與式」的校園規劃過程也常因回歸政府採購程序的限制，而難以實踐。

不過這二十年來，教育現場更加開放，新教育的觀念也更加多元、普及，以

「以用者為中心」，尊重不同背景族群的思維，逐漸取代了傳統以「升學」或「管理」、「均質化」的學校教育，讓校園空間設計也相對有了自由度，甚至教育觀念的改變，反而引導空間的改變。也就是說，以往教育專業與建築專業從沒有交點的平行線，逐漸邁向相互交會的螺旋線。

這樣的改變，雖是緩慢的進程，卻是一個可喜的趨勢。在南臺灣某些偏鄉的學校，因少子化面臨關閉的命運，反而激發了校長及師生們的創造力，在校園經營上，危機成為轉機，善用鄉村自然環境及農村社區產業的資源，讓校園生機重現。

•永安國小的校園經營——放大的家屋

水牛建築師事務所參與的後壁區永安國小，就是一個典型案例。不到一百個孩子的學校，卻有近四公頃的開闊校地，在經費相當有限（約三千五百萬）的老舊校舍改造過程中，以「簡約」的設計手段，善用鄉村環境周邊自然資源，豐富的地形、地景細微變化，與農村聚落的社區文化營造結合，甚至連結了垂直的教育資源與臺南藝術大學、後壁高中、國中，形成一個「大手牽小手」的教育現場及水平的偏鄉學校結盟，組成「紅杉木校園聯盟」，來共同面對偏鄉教育困境，及提出合作策略來爭取政府及社會資源。

永安的校園設計基本概念是將整個校園比擬為一個傳統村住宅的單元放大模擬，有前埕、後院、菜園、水塘、果園、田野、家屋等，孩子們熟悉的生活元素，納入先民的居住空間智慧，與地景融為一體。

水牛建築師事務所與第一線教育者互相激盪，不只在設計、監造階段，其投注的關懷更延伸至後續的校園教育的經營與校園的維護，成為學校長期的夥伴。

永安國小的經驗，翻轉了偏鄉小學成為邊緣化的教育現場，而成為校園永續經營的一個典例，獲得了「國家永續發展獎」等殊榮，也成為教育專業者有熱情的實踐夢想的園地。

•白河國小的校園設計——縮小的城市

作為地方型小鎮的核心學校，白河國小二十四個班級規模的老舊校舍重建，規劃的基本概念也是善用小鎮生活的資源，在小鎮中心的校園內形成一個「微形的城市」，教室宛如家屋，走道成為街道，迴遊性的動線及開闊的半戶外通廊，創造出不同規模、層次、尺度的室內外學習及生活場所。

在有限的校園重建經費中，引入輕構架的屋頂耐震構造系統，在熾熱的南臺灣氣候裡，運用配置方位及適度的半戶外開口，雙層屋頂斷熱，發揮了節能的效益。

學校同時也接納了放棄環形的運動場，而把戶外運動空間改造成多元使用的草坪廣場，也許在九二一時代並不罕見，但是在南臺灣的保守小鎮，已是一個突破性的作法，可見教育現場邁向多元開放的思維，也逐漸在偏鄉地區開枝散葉。

微型校園空間設計的價值

• 老舊校舍空間的改造

這雖是教育部既定且逐年推動的政策，但有限的資源及經費，並無法改造所

上：高雄美濃國小的創意遊具設計。
下：嘉南國小的「金澤園」八田與一紀念空間。

有的偏鄉校舍建築，也因此局部的校舍室內空間改造，友善校園景觀改造、圖書閱讀空間改造、廁所、幼兒園、運動場、遊戲場……等微型、小額經費的補助，成為了珍貴的資源。但可惜的是這些類型的小額補助，學校常常找不到願意用心投入規劃設計的建築師事務所，也因此不易見到有創造力，或常用系統式、套裝式、罐頭設計來完成。

水牛建築師事務所有著逆向思維，在事務所能力範圍內，為有需求的學校服務，十年來陸續完成了二十多件微型的空間改造案例，且每一件都當作完整的設計來實施，不只滿足學校的需求，也挹注了設計能量，置入創新及地域性特色，往往能成為學校中孩子最喜歡使用的亮點。

除了臺南地區的圖書室優質化諸多案例之外，嘉南國小的「金澤園」八田與一紀念空間，獲得奇美基金會的贊助及許文龍董事長的認同讚賞，成為經典校園紀念性空間。高雄美濃國小的創意遊具設計，也開啟了校園遊戲空間，擺脫罐頭式遊具的束縛，成為大高雄地區新遊戲空間的典範。

•水牛建築師事務所的自力營造

善用鄉村事務所與社區結合的自由開放場所，水牛建築師事務所也在所旁的閒置豬舍建構了一個木工房，每年暑假召募建築相關科系的學生結合事務所設計師，共同參與社區空間的改造，其過程也歷經六年，逐步為社區孩子打造了閱讀空間、小小廁所美術館、戶外廚房、永安的樹屋及遠征新竹華德福實驗學校的戶外教室。水牛工房的自力營造已成為事務所積極從事社會參與的傳統，不只是社會服務，自力營建的過程也彰顯了鄉村型事務所能以身體力行的方式，實踐自由創作的設計學習價值。

公辦公營實驗教育空間的展覽

在多年的學校建築設計經驗的累積後，水牛建築師事務所因緣際會下，也跨入新竹市公辦公營的實驗教育設計工作。華德福教育體制已滿百年，由德國教育家魯道夫・史代納（Rudolf Steiner）所創立，新竹市在實驗教育法通過後，與清華

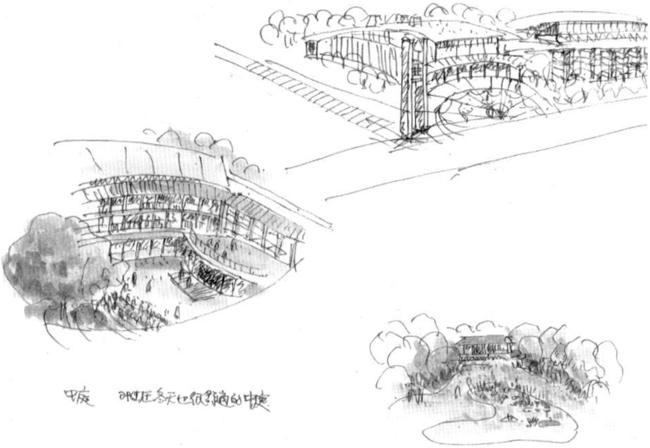

上：水牛5號小屋工作營。
下：華德福中庭＋秘密花園。

大學華德福教育中心合作，率先實施公辦公營的華德福實驗學校，從幼兒園到中學，共十一個年級的完整校園空間設計展開，能將設計經驗結合制式校園的空間設計需求是非常不同的。

建築空間的設計需立足華德福回歸以人為核心的「人智學」教育哲學基礎，設計的意涵需以對華德福教育精神與哲學深度的理解與認知的基礎上來操作，因此與使用者不斷的互動、學習與溝通的過程是非常必要的，細微到家具的尺度、色彩的選擇、建築的材質、造型、外部空間的植栽、景觀、活動場所的教育意涵等，也必需要落實到使用者參與的實踐。建築設計者，要有深度的同理心，把自己置入華德福教育的現場。

從規劃過程到營建過程，環環相扣，過程非常辛苦，但也是非常珍貴的學習旅程。現階段雖尚未進入完整的建築工程營建，但可以預期新竹華德福實驗教育學校，將是臺灣實驗教育的里程碑。

革命尚未成功，「新校園運動」持續進行中……

——這些年我的一些非正統新校園運動的實踐

●謝伯昌／建築師，兼任朝陽科技大學建築系講師

發生在二〇〇〇年的那件事，我們叫它「新校園運動」。這個新字跟「新臺幣」的新字是一樣的，只是對比於舊時代的價值與思維。「新臺幣」已經發行了七十年、「新校園運動」也已經推動了近二十年，都不能算新的了。

二〇〇〇年「新校園運動」發起的時候，我雖然已經開業（一九九五年開業），但沒機會實際參與，所以也不是很了解「新校園運動」的核心價值與思維，只能從媒體上獲得片段訊息。同年，美國總統柯林頓也提出「學校為社區

中心：規劃與設計的指南」（School as Center of Community: A Citizens' Choice Guide for Planning and Design），與「新校園運動」不謀而合。

我們實際參與的第一個校園規劃設計案是南投中寮鄉的清水國小，雖然也叫九二一震災重建工程，但因為不在教育部主辦的新校園運動的行列，所以整個實踐過程便不是那麼正統。

九二一之前我們沒有校園規劃設計的經驗，對於「新校園運動」所帶來的改革，無從比較。約略得知以前不用公開遴選建築師、無所謂使用者參與這一塊、校園還很封閉、學校跟社區沒什麼關係、空間以老師教學生上對下的教學行為為主、校園內沒什麼可供同儕相互學習的地方。

所以，在我們的經驗裡面，「新校園運動」的核心價值與思維，一直都只是一種common sense，我們也一直以這樣的核心價值與思維，來實踐我們的校園規劃設計。

從思考學校的價值出發

整個九二一震災災後重建，出乎人們意料只花了短短五年。二〇〇五年，我們離開災區，將這套「新校園運動」的common sense帶到臺中市來執行。我們第二個校園規劃設計案是臺中西屯區長安國小新建工程。

對一個鄉下來的建築師而言，要設計一所新的都市小學，有很多的認知必須重新被建構，特別是在那個「教改」正在起飛的年代。我們先拋出一個前瞻議題：為什麼要到學校上學？

可不可以在家學習就好？學校最大的價值在哪裡？有什麼東西是在家學習無法提供的？我們找到兩樣東西是那些主張在家學習的人士無法辯駁的：一個是有形的校園生態環境，另一個是無形的同儕學習環境。

我們第三個校園規劃設計案同樣是都市小學，二〇〇九年，我們在臺中北區省三國小第二期老舊校舍拆除重建工程，延續了長安國小成功的經驗。但是在這裡，我們面臨一個全新的課題：第二期重建工程如何跟第一期重建工程銜接？新

舊建築如何融合在一起？如何在重建過程保留在地的集體記憶？（省三國小當年可是相當知名的空軍附小，為紀念空軍烈士張省三）

轉型還是質變？

至此「新校園運動」已經推動十年，開始轉型（變質？質變？）。轉型後的校園規劃設計案，從原先的使用者參與，變成專家學者集體設計。過去的審查委員基於協助的立場，尊重建築師的設計，後來轉型變成指導建築師做設計。建築師彷彿回到學生時代，審查委員變成評圖老師。

雖然，集體設計的結果，也不見得會比較差。例如，二〇一〇年，我們的第四個案子臺中南屯區春安國小第二期老舊校舍拆除重建工程，在執行過程中有些理念就被「中和」掉了。集體設計的結果一定會取得一個安全的平衡，不會太差，但也不會有什麼好作品出現就是了。關於如何在老舊校舍拆除重建過程中「保留在地的集體記憶」這一個議題，二〇一一年，我們在第五個案子臺中市立黎明國中，先是找到這張創校初期的老照片，後來又在藝術家協會找到這面馬賽克拼貼外牆（智仁勇／一九六八年）的作者李源德先生。原先我們計畫保存這片外牆，但經電話詢問李先生的意思，李先生婉拒了。既然創作者說不要，保存經費一百五十萬也沒著落，黎明國中近五十年的記憶，就在我們手上化為塵土。

二〇一二年，我們的第六個案子臺中太平區新光國小第一期新建工程，也是我們第二次參與規劃設計新的學校。這一次，基地座落在斷裂的歷史脈絡、全新的都市紋理的重劃區，我們省了很多接地氣的力氣，全心展開校園整體規劃。或許我們都誤解了校園整體規劃的意義。所以當我們完成報告並執行完畢第一期新建工程，後面的第二期工程新建工程就沒有照著我們的劇本走了。我們似乎感覺到，在實務上所謂的規劃並沒有取得它在學術上凌駕設計的地位，純粹只是附庸在設計底下建築師可以順便完成的作業而已。

二〇一三年，我們錯失最有把握的新光國小第二期新建工程，意外獲得母校臺中市私立明道中學「明道樓」拆除重建工程。這對一位長久執行公共工程的建築師而言，也是另一個全新的開始。私立學校在委託建築師的契約上、規劃設計的討論上、工程預算的執行上，都比政府好很多。

一定要有圖騰嗎？

二〇一四年，我們因緣際會拿到苗栗泰安鄉象鼻國小老舊校舍拆除重建工程的案子，開始接觸原住民部落。同樣都是國民教育，原住民學校有需要什麼特別不一樣的地方嗎？雖然我們沒有跟學校探討到這一個議題，但似乎感覺到：「我們不要不一樣。」我想也是，走廊教室樓梯廁所都可以跟平地鄉鎮一樣，但形式上呢？要不要有原住民的意象？

一般人想到原住民的意象，直覺就是原住民的圖騰，大量運用圖騰是最簡單的操作手法。但實際上我們做了一些個案研究後發現，許多知名的原住民建築根本不用圖騰來表現。想想也是，建築意象的表現應該從最原始的建築元素開始。於是我們在屋頂的形式上，植入祖靈的眼睛菱形的意象，其他就依照地形去做規劃設計，沒有任何原住民圖騰的運用。但事情並沒有這麼簡單，最後進入審查會

苗栗泰安鄉象鼻國小規劃設計圖。

議，一個委員說：「你都沒有任何原住民的圖騰，誰知道這是原住民的學校？」

二〇一五年，我們參與百年老校臺中烏日區喀哩國小老舊校舍拆除重建工程，一聽到百年老校就令人肅然起敬，但來到學校一眼望去，除了百年老樹，似乎也沒有什麼是百年的樣子。

我們想再現百年老校新風華，讓它看起來有百年老校的樣子：磚牆、拱廊、斜屋頂。要用RC表現磚牆、拱廊純粹模仿沒問題，但斜屋頂才麻煩。本來應該用鋼構比較容易施工也正好可以仿百年建築木造屋頂，但幾經討論最後決定也用RC。

RC、鋼構、甚至木造，在我們這些年「新校園運動」的實踐過程中，並沒有很明顯的被討論，大抵因為建築師疲於奔命應付預算不足、設計時間不足，沒有理由捨RC不用。

最後，沒有結語，因為「新校園運動」還持續在進行中……。

新校園運動綻開在「高雄的花蕊」

——「新都市校園運動」與「新校園運動五・〇版」

●曾梓峰／高雄大學建築系教授

一九九九年「九二一車籠埔大地震」給臺灣社會帶來了巨大的破壞，然而其伴隨而生的「九二一新校園運動」帶給社會改變一波新的震盪，而這個「社會地震」卻給臺灣社會學校教育與建築帶來了新的生命與榮景。

二〇〇三年開始到二〇一八年，高雄的校園改造運動展開了兩波重要的行動，第一波是二〇一三年開始的「新都市校園運動」，第二波則是二〇一八年展開的「高雄新校園五・〇」行動。這兩波行動有其各自的行動背景，也有其各自的行動訴求。然而無論是從社會發展脈絡，亦或是時代精神回應的表現，這些運動都承傳自九二一新校園運動的理念與精神，是這個運動震波帶到高雄的結果。回顧高雄這些新校園運動的成果，也可以看到「九二一新校園運動」對於臺灣社會改變所帶來的價值與意義。

新都市校園運動

高雄兩波新校園運動的努力，毫無疑問是「九二一新校園運動」對臺灣社會改變震波的延續。伴隨一九九九年九二一大地震後的重建工程，當時的教育部在教育部次長范巽綠和一些新銳公務員，結合當時一些建築界的年輕教授和建築師，嘗試突破傳統窠臼，破除層疊扭曲的制度，合理化學校興建過程中的機制和流程，讓建築師優異的創作能量，成為校園新建築展現的新基礎。參與「新校園運動」的許多優秀建築師也在那時代背景下為臺灣掌握到機會，發揮個人經驗，透過對校園的期待與看法進行創造，詮釋出理想的校園空間。南投地區、花蓮、臺南等地，開花結果出全新的校園及學校建築經驗。

二〇〇三年開始，「新校園運動」在高雄市接棒，延續展開了另一個更積極的視野。扣合著全國性城鄉新風貌運動，追求自明性（identity）都市景觀風貌和環境品質的訴求，校園空間與建築的改造，開始放眼到更大的環境議題與視野。這波行動以「新都市校園運動」為名，以高雄市獨特都市空間邏輯和氛圍為基礎，關懷校園及校園建築在都市空間涵構中的積極性意義和可能性。透過二〇〇二年新成立「高雄大學都市發展與建築研究所」的積極介入，提出這個行動核心主張：「校園作為都市空間表現的主角」、「校園我的家：揮動參與的魔法」、「一本好的工程計畫書，催生好的建築師，才有好的新校園」等等，企圖制度性的解除傳統的社會與行政的禁錮。在幾位勇敢國小校長大膽的參與嘗試下，展開一連串全新的實驗與創造，以及創新的流程，高雄市的新校園也開始展現出全新的形式與品質的經驗。從這些經驗表現，可以看出「九二一新校園運動」已經給臺灣社會在學校學習環境的打造上，帶來了創新的DNA。

五・〇版的改造行動

二〇一八年高雄在范巽綠局長的帶領，以及新「高雄大學建築系」的合作下，展開第二波號稱「新校園運動五・〇版」的校園改造行動。這個運動一方面肯認「九二一新校園運動」後續行動在各階段以及在各地所積累豐富的成果，但是更企圖揭櫫這個運動未來的新視野與任務。這次新校園運動的目標，關切臺灣下個世代的競爭力，以及開放和創新精神的養成。新校園運動，因此是一個屬於「未來世代需要的學校」，除了提供給孩子們最好的學習環境空間以外，也認為學校空間形塑的過程，是打造屬於我們國家與社會的競爭力的機會。

高雄「新校園運動五・〇版」是一個開放性的詮釋和創造的行動，透過教育先進、家長、學生、空間專業者以及關切教育各種不同利益團體，在開放性的對話和激盪中被揭櫫。這個運動的載體因此是有關於「教育、校園以及建築空間」，是我們怎麼定義和詮釋我們孩子「下世代的基本能力」，以及如何提供能夠承載這種能力養成的「學習空間」。所謂下世代的基本能力，包括了孩子們「自我的認識、興趣與動機、整合的視野、語言的運用、工具的運用、社群與合作、全球在地化、對地球責任、對社會責任」。

這個運動的主張，帶動了學校空間內涵與型態的變革，下世代學習空間的構成。基本上，除了提供學生在學校停留以及傳統基礎知識傳授的基本空間外，結合教育的主張，有更多是以主題空間的型態出現。在學習氛圍的創造上，空間有更多的學習是跳脫，主題以及情境的學習，回歸興趣與適情適性。超過十所學校，八位不同的新銳建築師參與了這一波的運動，隨著建築逐漸的完工，相信將又會是臺灣社會以及學校建築的另一波新的突破與成果。

我們在二〇一九紀念緬懷「九二一新校園運動」二十年的成果，因此視野已經不是當年這些學校目前的硬體狀態如何，而是檢視這個運動所帶來「社會地震」所帶來社會的改變，以及其所帶來的契機。高雄新校園運動絕對不是一個屬於高雄的單一的社會事件，而是九二一新校園運動所帶來社會改變的一環。九二一新校園運動所追求突破制度性與系統性的窠臼，示範社會以及建築師巨大的創意的能量，以及其中所積累的經驗，已經成為臺灣新世代一種關鍵的DNA，一種臺灣基於本土，但是接軌國際價值典範的一種競爭能力。

二〇一九年適值「九二一新校園運動」二十週年的紀念，我們應該為這個運動感到驕傲，更應該秉持這個傳統，繼續努力，讓臺灣的學校教育以及學校建築，成為世界文明的新典範。

浴火重生，追求對的價值

——對未來公共建築、新校園運動的期待與展望

●林彥穎／十彥建築建築師

一九九九年，正好也是我大學建築系即將畢業的最後一年，九二一大地震的發生對每一個在臺灣的人來說，都是一個難以平復的傷痛。目睹了自然的力量與人類的渺小，殘破的昔日家園與撕裂的土地，對於一直以來信仰建築的我來說，恐懼與質疑更是覆蓋了心頭，何以造成國家如此嚴重的災情呢？身為建築人的我們又可以做些什麼？空間專業之於我們的社會貢獻何在？

檢視災區的狀況，又以公共建築中的各級中小學校校舍災情最為慘重，總共有

二九三所學校需要重建，受創需要補強的學校校舍數以千計。年輕的我不知道怎麼理解這樣子的事情，特別是專屬於孩子們使用的學校空間，竟然是災難來臨時最快速毀壞的第一層級公共建築。所有怵目驚心的倒塌與破壞，撕裂著每一個專業知識建構起來的我的認知，公家的建築怎麼會如此脆弱不堪呢？人們唯一可以依賴的公共性，正是這樣摧毀在地震的餘震中，成為最大的受災戶，不但震倒賴以為生的建築，也震垮了大家對於公共工程整體品質的信心與期待。而也正因為這樣全面性的崩解，凸顯了九二一新校園運動在災後政府投入重建作為的一種指標性的覺醒與重生。

結束校園工程的亂象

首先我們要面對的是制度，傳統公部門遴選建築師的作法與興建發包流程的過程中，曠日費時又弊端重生，九二一新校園運動在當時時任教育部長的曾志朗部長大力支持下展開，除了民間團體強烈要求並且默默奮鬥的力量之外，授權范巽綠政次全力指揮大方向，還有重建推動委員會林盛豐副執行長積極奔走與從中串連，使空間專業在校園重建的過程中，擺脫過去的利益牽扯，低價鬥爭等層層剝削的束縛，有了真正發揮力量的機會。而從中央的力度直接介入所有學校的分配重建專案、公開公平的主持建築師評選、到每個案子堅持以最有利標的發包程序，處處都呈現了真正專業界的並肩合作，行政體系的積極配合，聯合結束以往校園工程的亂象，大步朝向復興之路的勇氣與氣勢。

二〇〇九年的夏天，我已經開業幾年，成為一個業界的新鮮人建築師，也做了幾個在臺北市內國小的校園優質化設計。並且有幸參與了建築改革社前輩們在桃米里紙教堂裡召開的會議，會中分享參與學校工程的經驗。十年之後的延續讓我們真正的看到了種子開花的結果，心中對於新校園運動這種集體式的、全面性的改變震撼不已！身為臺灣年輕的建築師，怎麼承接前輩們所留下來豐碩的思考與初心？是否有機會延續著前人新闢出來的道路而行，保持前進？怎麼讓屬於孩子的空間更完整而安全？我是抱著這樣的心情在執業的。

價格不該是唯一的評選考量

九二一的災後校園重建，充分地顯現出臺灣建築界與工程界整合完成的驚人力量，政府公器正向的導入協助，也才得以動員各方面足夠的人才進入問題核心，以致重建政策與大局能掌握明晰的目標與作為。這樣子的過程足以成為日後重大工程或是公共工程全面性改革的借鏡，我們也看到基層學校面臨的困境，基礎教育工程預算偏低導致的低劣品質，多層次（設計與施工端）的低價搶標導致偷工減料或綁標的問題，此時唯有面對核心的問題才有辦法徹底解決。於是乎，在這數十個校園中普遍採行的最有利標，成為優良廠商與建築師願意進入校園工程的正向因子，影響了結果的關鍵條件。

綜觀我們的採購法，不論採取何種決標方式，合理標的決標機制，仍以價格為唯一評選考量。許多公務承辦人員為了避免麻煩，多數選擇最低價標來發包，表面上降低了支出，實際上則是交換了空間與工程的品質。「最有利標」則採綜合評選方式，舉凡廠商在業界的商譽、專業經歷、使用工法、預計工期、當然也包括價格本身，皆列入得標一併考量。採取最有利標為決標方式的採購案，由公共工程委員會所公布的專家學者籌組評選委員，決定列入評選的各項條件與權重，廠商各依此說明與答詢。此舉除了避免傳統上公家案將價格視為唯一考量，表面價低者得，實則全面性的偷工減料的普遍結果。

反思，讓承包施工廠商合理報價與公布底價，以品質與施作能力公開競爭。設計建築師等勞務評選也必須回歸專業評選與公開評審的機制，透過建築設計與工程專業專家學者組成的評審團，如此選出的團隊造就了新校園運動在空間設計與工程上的空前成果。所以，成功的方式並不困難，掌握了公開、透明、公平、專業的大原則，就可以吸引一流的團隊進入政府標案中協助，取得一個對公眾最好的結果。

用對的方法，做對的事

二〇一九年，二十年之後我們再度回望。九二一大地震絕對是國家級的災難，舉國震驚，震出臺灣公共空間與工程品質的問題，也震醒了我們整體業界非得改變的決心。因災難而起的新校園運動燃起了無數希望的火苗，灌注了災區可貴的甘霖，建築界與工程界得到政府充分支持，運用合理條件發包搶修，留下可貴的實質空間與紀錄。期待從這樣的經驗中理解，大自然面前應該謙卑而行。

然而對於可以控制的工程發包與設計品質上，追求對的價值，勇於承擔，讓新校園運動如同種子一般擴散進入我們的社會，讓人們期待政府的公共工程可以帶來美麗妥適的環境。用對的方法，做對的事情，這也是日後我們對於公家工程採購流程改革的衷心期待。

PART 3

不只是建築改革，更是社會參與

種下二十年來的美好

● 郭瓊瑩／中國文化大學景觀所所長兼系主任

地震打破了大自然「永恆」的迷思，
也打開了人類生存「調適」的天窗。

因緣際會自一九八九年起參與了東勢永續城鄉之規劃、調查以及與國家公園相關之雪霸、玉山、太魯閣……等高山地區之田野調查、踏勘與資料收集，對於大甲溪、大安溪、濁水溪、荖濃溪、立霧溪、蘭陽溪、卑南溪……等之地形地貌並不陌生，在田野調查過程中，經常要攀岩過垂直脆弱的碎石坡，寬不及五十公分的峭壁小徑，也常仰望垂直崩落數百公尺之大崩塌（如金門峒大斷崖、父子斷崖）而興嘆。

在大自然面前人類真的很渺小又相對脆弱，但看見許多原住民朋友們輕巧地翻山越嶺且能高歌享受大自然，覺得人類也有其韌性及與大自然友善相處可愛的一面。也因此，證實了古人所言「天地」是可敬畏的，在登山過程中遇到大崩塌而路斷，則必然要上下溪谷，那種辛苦與費力以及充滿不確定性的恐慌還是有的，但無論如何跨越了溪澗，輕巧安全的走過斷崖，或於路途中欣賞了溪澗、懸崖邊與岩縫中的各種野花野草，乃至被雷劈橫臥於前之巨木……，這些際遇是完全沒有導演的劇本，就是活生生地呈現在我們眼前，再辛苦也要開心去接納它，天候再惡劣也要虛心去克服它，這就是大自然的魅力與本質！

九二一綻開了更真實的大自然觀

一九九九年九月二十一日即和一群景觀與建築界的朋友走入災區，全然是一種自動自發地想「做」一些事，尤其是一直以來腳踏過的土地山川。九九峰、石岡大壩、九份二山還有各鄉鎮（東勢、埔里、中寮、卓蘭、谷關、石岡、新社……），這種山崩地裂之慘狀，即便經常接觸大自然之變遷，亦頓覺有一種小兵站在巨人前之渺小與無力感。

南投貓羅溪堤岸在一九九八年才完成城鄉風貌改造，但地震後硬式堤防就崩裂了；石岡壩橋樑橫空而斷，能見一大堰塞湖，更有如履薄冰之感。心裡更淌血的是霧峰姨丈家，臺灣最美的二層樓木構造建築（景薰樓、五桂樓）全垮，夷為平地，日月潭光華島也縮小矮了一截……，這些景況依然歷歷在目。直到一日有機會登上直昇機，飛了一趟九二一受災區之山林上空，滿目瘡痍的山林，一位地質學家告訴我：「自地球誕生以來，它就是不斷地週期性活動，地震、颱風本是自然現象，而今日吾人會害怕、畏懼，只因人類為生存開始與大自然競爭土地，自

上：石崗水壩壩堤及連絡大甲溪石崗、卓蘭之橋梁均嚴重受創。
下：日月潭中央的光華島原是邵族聖地，在震災中漢人建的涼亭與景觀龍拍同樣嚴重損毀。

古以來，自狩獵世代乃至今日之資訊世代……，自然力量與現象反而成了吾人所謂的「災害」，這不是很諷刺嗎？」在直昇機上鳥瞰這一切景象，又聽聞這番論述頓時豁然開朗，原來，人定勝天是不可能的，而人只能順天，只能道法自然。

二十年來的省思與改正，足夠嗎？

「災害」通常會帶來短期間巨大的衝擊，包括價值觀、政策、行動以及各種技術面之因應對策，個人也參與了國家檔案局九二一之史料編輯與撰寫，以及由教育部發起的「新校園運動」、「社區營造與家鄉復原運動」，還有無數的河川改治修復，以及地方產業振興行動計畫，過程中見證了一股民心向上凝聚之動力，也看到了一股不能服輸而沉淪之驅動力。除了新校園運動齊聚了諸多有心的建築、景觀設計專業者投入改造外，自組合屋到後來逐漸成形之「民宿」發展，均緣於對谷底的農村地方經濟落魄之反擊，頓時間，由在地民間在政府與NGO、NPO輔導下所帶動的「地方產業振興」，似乎更是令人感佩的泉源，自此一鄉

上：九九峰土石崩落嚴重，即便以直升機噴植草籽，其復育均成效有限，亟需時間之療癒。

下：九份二山因離震央不遠，地滑嚴重，並形成堰塞湖，附近幾乎皆要遷村。

中橫谷關到梨山段柔腸寸斷，其復原幾乎是超大之生態與社會成本，迄今省思後之政策仍應以解決高山運輸基本功能為目標，而「復原」應視為與大地反撲平衡之長程監測與實務。

鎮一特色與災區重建畫上等號。

而園藝花卉產業之振興也與園藝治療心神舒壓融合，此亦接續到後十年之地方振興之環境產業開創，以及農村再生與城鎮風貌二・〇之全新詮釋。這個轉折與調整更以正向能量打開了生存與競爭之天窗。

天災是自然現象，雖然可畏，但人禍才是更可怕的失序現象，也許天災不完全可用現代科技精準預測之，但隨著科技進展，吾人也逐漸增益我們的抵抗力、適應力與調適力，包括在不同尺度國土城鄉空間之規劃與經營改變思維，用共生共榮共伴之方式與天然災害共存，而非用絕對的力量與無底洞之經費投資去抗衡之。

而相對的，對於不智的決策，逆天而行之行動或完全漠視道法自然，承認人類可以有限度接受（承受）災害應變力之思考，則此將是一條走向自然毀滅之不歸路。敬天畏天不代表人類無能，在此浩瀚的宇宙中我們仍有諸多未知的領域或知識有待我們去探索。但如果漠視大自然（或宇宙的定律）自以為是，吾人絕對無法在艱難中學習，也更將無法自與大自然共生之哲學中得到救贖。

從九二一展開的開放式建築之路

——訪謝英俊建築師

●採訪整理／徐岩奇

（謝英俊，自九二一起投入災後重建的工作，提出與當地居民「協力造屋」的模式。隨後也投入四川大地震、南亞海嘯及莫拉克風災等災區提供協助。曾多次參加國內外建築展，並且獲得許多獎項，包括美國柯里史東設計獎及國家文藝獎等等。）

徐：回顧九二一，你當時為何有如此的大轉變？

謝：我當時在竹科有很多高科技廠房的業務，而且對其製程非常熟悉，面臨一個抉擇，繼續做下去事務所就會越做越大，類似潘冀事務所，而且經營的核心議題是管理行政、技術，與我喜歡設計、挑戰新構造的興趣、初衷不一樣。地震發生的時候兩位關鍵人來找我，吳密察（時任中研院民族所），陳板（我以前同事，後來從事社造），問我協助重建的可能。工作主要會集中在邵族部落，主要因為它在災區的核心區域，邵族也面臨若干嚴峻的問題，例如土地被徵收、相對更弱勢等。

徐：當時應用輕鋼構、竹子的構法，是您以前就有研究？

謝：沒有。主要是我也從事營造，我對這些材料都熟悉，屋頂增建鐵皮屋是常見的工法。到了現地判斷後，才決定輕鋼構配合自攻螺栓施工，是最有效率的方法，再加上拉桿可以有效減小斷面。我們先做一戶做測試後，才大量施作。另外，竹子在原住民屋也常見，基地附近就有材料，但後來從外地運來，是因為效率較高、較經濟。原住民屋屋頂竹片是一層層疊上去，漏水、維修就不斷再疊，所以非常涼爽。我找了附近有經驗的師傅協助，屋頂斜率是2/10，排水性能最佳，這是經驗值，因為竹子有節，太陸太緩都會漏水不行。於是我發展現代化的竹屋，工法做了調整，底層用夾板＋防水油毛氈，再加上一層的竹片屋頂就完成，但之後面臨維修，就改為金屬彩鋼屋頂，日後的協力造屋都採用彩鋼屋頂。

徐：請談談九二一對你的意義，與你受哪些影響？

謝：如果不是九二一，我或許就一直做高科技廠房，沒有機會去碰「常民建築」這個領域，在大陸稱為農民房，也就是一般百姓蓋房子的方式。這一類的房子不是好不好看問題，是體系的問題。一般房子營建技術門檻高，不耐震又貴。我們想要建立一個開放、簡化的系統，並提供一個經過驗證可靠的結構骨架，老百姓有能力參與其他的部分的興建，並且可以導入傳統的協力造屋。

徐：這就是所謂的「開放建築」？和王明蘅老師的理論一樣？

謝：很類似，但我們的系統開放更大，且已經過驗證，透過協力造屋與傳統工匠技術結合，走到哪裡都可以適用。例如在臺灣原住民部落，在四川少數民族區，甚至現在去中南美洲、阿拉伯。除了骨架在我們工廠生產，精準開鑿螺栓孔，現場組裝需要技術指導，其他可以交給在地工人或農民自建，所以可以導入在地特色的材料、構造，這部分就是我所謂的開放。

徐：在成都工廠製作？如何送到阿拉伯？

謝：在成都工廠製作，載運到重慶搭船，之後用船運送到阿拉伯，大約兩週。

徐：您這套理論是一開始就想清楚？朱競翔好像學您？

謝：我是邊做邊想，透過實作檢討，逐漸才把理論架構清楚。我這套是透過實踐驗證，其他人談的都還只是理論，即使智利普立茲克建築獎（The Pritzker Architecture Prize）得獎主亞歷山大・阿拉維那（Alejandro Aravena）的開放住宅理論，我認為都不完整。與朱競翔的也不一樣，他用的是鋼骨（比較厚，約9公釐以上），我的是薄鋼，可以容易加工。主結構經精準計算開孔搭配螺栓，次結構則用自攻螺栓就可以現場輕易施工。

徐：二十年之後，這套系統有繼續演進？

謝：有。稱之為工業四・〇，可以透過互聯網，在全世界任何地方，設計師可以應用3D軟體，把他們希望的設備置入，在網路上參與設計、協作，再利用CAD輸出成2D桿件繪圖，透過物件導向的流程，在工廠工業化大量生產。我們可以控制在2公釐的誤差精準，再透過船運、火車、貨車運送到全世界，在工地快速且精確組裝。量越大，單價就越便宜。

徐：依您幾年來的操作經驗，例如在中國市場的接受度如何？

謝：很好！例如我們先前在四川，最近在河南、河北等地也都陸續得到機會。

徐：但要去改變傳統的營建習慣，或觀念是否不易？例如，我前陣子到了屏東瑪家部落參觀，有位住民代表說他比較喜歡像在吾拉魯茲部落，由紅十字會捐贈的RC房，因為他不需要維護。而且如我在大陸農村所見，有些會認為住RC、貼磁磚的房子代表進步。

謝：要去改變傳統的習慣的確不易，這背後即是觀念的問題，例如在瑪家的房子外部用木頭裝修，兩年之後用一般油漆保養即可，有些人就不願意去做。我們是以耐震、便宜經濟、開放性特性取得優勢。至於你說有人想要有更好的隔音，就是隔間等級的作法提升而已。

徐：您公司會否被誤當作是NGO團體？

謝：有，比如常會接到電話來問：「我們想在農村蓋房子，但沒有錢，你們是否可以幫忙？」很多人會誤以為公司是慈善團體，哈！我們沒有慈善捐款的財務支助，我們必須自負盈虧，也必須獲利才能永續經營，很多人的確誤會了。

徐：對臺灣有哪些建言與期待？

謝：臺灣要關注農村，像前陣子農舍、工廠破壞農地、環境問題，應該認真執行區域計畫，不能像現在政府打算簡單的用合法化或拆除，一切便宜行事。臺灣沒有辦法進行國土計畫，因為會受大陸的牽制與影響，倒是應妥善透過區域計畫有所作為，做資源整合、土地合理分配、定位、發展地方經濟特色。

徐：對建築界有哪些建言與期待？

謝：臺灣建築界要有自信，多出去走走，到大陸，到全世界，像你也去過大陸。但在大陸要成功的確不容易，雖然語言一樣，但觀念不一樣、體系不一樣，我們不見得真正聽得懂他們的語言。我這幾年才比較聽懂他們真正在講什麼，他們在關心什麼了。

崩解時代建築何為

● 趙力行／未完成建築工作室負責人

九二一地震二十年後
二十年
青年已成中年
中年進入老年
青年無從理解
未竟之志

因災難而凝聚
第一個十年
上升
豪情萬丈
在高處陶醉
忘了根基
唯一的疑問
權力及其治理的瓦解
會蔓延到什麼程度
組織的理想
彼此致意時的臉色
逐漸消退
誰能容忍少數
誰願放棄利益

鬥爭總是由此開始
出自意識型態的政治圈圍
改革因物質擴張反而縮減精神
來不及挫敗陰謀
制度變成一個噩夢
作為一種權宜之計
盡可能代表正確和公正
通過對話
勸說
盤算求助
不斷搏鬥
消磨生存意志
在朝
在野

事情要來
權謀者總得勢
學者藐藐
誰能驅使
各種人物都得到辯護
卻難以誠實面對
薰習最毒
無從保有較高的判斷
誰還能活在對一個整體世界的直覺中
任何時刻
發現值得注意的東西
保存特有的精神魅力
不簡稱進步
生活就是鬥爭

沉默
如今
事物只能引起微弱的注視
批評闕如
世俗的捷徑
粗暴不斷加深
虛矯占領所有通路
擴散成大災難的預告
二十年後
人們重新聚集
回憶
紀念並探問
一個瀕臨崩解的時空
建築何為

持續向我們探問的
永遠是那個理想
永遠是那個整體

・・・

後記

採購法是對公共建築的懲罰，只要開始閱讀採購須知，任誰都能察覺這部機器的宰制功能。越新的採購懲罰越嚴厲，掌握權力的官僚體制，就是徹底依靠這部機器行使統治權。

公共住宅政策的再思考

假如還有機會，希望新政府能重新思考公共住宅政策。採購法不可能解答這類議題！

上個世紀在歐陸，曾經多次集合當時最優秀的建築師共同參與討論規劃設計，提出以經濟實用與滿足個人家庭社會環境的新時代居住建築，同時兼顧自然及人文環境與城市生活的整體融合。

在臺灣，居住觀念長期被房地產侵蝕，造成居住價值的物化及商品化，房怨屋奴限縮了人民生活創造力與社會動能；競選時承諾廣建公共住宅藉以修正居住亂象，希望新政府不再繼續走建設開發的老路。

誰規定公共住宅要將容積蓋滿，將容積用完是私人建商的空間命題，蓋越多對投資報酬越有利，這是房地產的邏輯。然而，公共住宅不是房地產；將容積用完增加建築高度，造成結構、消防、電梯、水電設備成本大增，未來建物維護難度更是遽增，蓋高蓋滿未必有利；國外經驗早已證明高層高密度公寓是不利社會住宅居住使用。若更仔細地設想最好能控制在七至十二中高樓層，盡可能讓居住者輕鬆返家方便生活，因造價降低維護簡單換來全新居住意象及實質利益。

本來寄望公辦都更和公共住宅可以扭轉這不利情勢，利用公共交通的改善，鼓勵居民搭乘大眾交通工具，規劃設計上對汽車停車的數量盡可能降低，解放建築平面配置被汽車停車綁死的困難，創造出更多元有機的空間型態。

真實不應該仍是繼續惡化，只見增高容積，增加地下樓層數，增加停車數量，增加居住密度，不見任何紓緩調整的企圖！這絕對不是未來都市的願景，這只是更迅速的消耗社會資源，製造更大的危機來解決眼前的急迫！而眼前的急迫多數只是人的心理疾病所造成，特別是政治人物的心理疾病：你們太累了！整個土地也跟著一起累！

城市不該是一座座新的死城

這幾年觀察政府關於公共住宅的急就作業，那些內部封閉完成的招標文件完全不接受外界的質疑和建議！那種擠壓式的，將一堆積木般的居住體如倉儲貨品般堆砌，限定生命在某幾種固定容器般的盒子裡存活，只是為了完成數字上的任務！它更需要積極表達每個居住體活潑自由的生活，和在其中鼓舞整體的生命動能；千萬別再建造那千篇一律沒有精神的機械社區！讓人感覺像是一座座新的死城！

請回到出發點！珍惜這整體社會力量賦予的時代意義和機會。人民的願望，城市的願景，到底是什麼？哪些基本價值必須維繫？可以從孩童開始培育，可以從家庭延伸至鄰里學校，不再跟隨著民主浪潮沉溺選戰！不再追逐權力私慾！不再繼續資本開發的慣性思維！疏散解構，調養生機，以開放精神取代官僚治理。

而關於社會住宅，政府最應該做的，是把中央統治式的住宅政策改變成多元的競爭制度，化整為零，在最小地塊上規劃有個性的社會住宅，講求效能，具機動特質，打敗龐大機構千篇一律的生產模式。

這樣縫補都市生活的方式，任何民間資金都有進場機會，無須受採購法綑綁，無須標章鑑識，需要的只有人的決心和一開放的觀念。

對於公共建築工程法制之期許

●李仁豪／律師、建築師、建改社第六屆常務理事

個人這近二十年來參與公共工程之經驗，深感公共工程法制造成機關困擾及建築師痛苦之程度，不但未見改善，反而與日俱增。

對此現象，吾人不禁應該要問，這二十年來，政府及民間包含建築改革社為改善公共工程法制，業已投入無數之資源及努力，為何實務操作之結果，仍是反效果？

個人認為，只有先面對並釐清前揭問題，據以對症下藥，才能真正改善公共工

程之體質，進而創造良善之產業環境。

就前揭問題中關於建築師工作之法制面情事，提出個人看法如下：

一、政府執法態度面：政府應體認建築師是為國家創造競爭力之顧問而非奸商

政府採購法是防弊而非興利之法典，是早已被公認之定論，至公共工程其餘之法制，亦有過之而無不及。從而，採購機關往往為自己創造出多重保障機制，並對廠商課以多重處罰方式，諸如：廠商投標要付押標金、簽約要付履約保證金、請款要扣保留款、履約缺失要扣違約金及懲罰性違約金、完工要扣保固金、議約只會增加而不會減少廠商義務、議價只會減少而不會增加廠商價金、採購機關解釋契約只會從嚴而不會從寬、採購機關認定之廠商契約工作範圍只會是無邊無際卻又無法加價、採購機關認定之廠商契約責任只會是無邊無際又無法原諒等。

個人認為，公共工程法制發展至此，是因為被一個態度所支配，就是國家如何看待廠商之態度？當這個態度決定之後，所有法制其實就已隨之定案。

就建築師角色而言，建築師工作成果是智慧財產及人類文明之一部，舉凡古今

中外各國家都仰賴建築師創造城市及國家競爭力，此乃不爭之事實，足見建築師存在之必要性及地位之重要性。

當建築師扮演如上所述之關鍵角色，並願意透過採購機關所定之評選機制，自費投入大量心力、人力、物力等資源，參與公共工程之備標及競圖，以期得標後，能協助政府辦理相關事務時，政府應如何看待這位經過重重考驗後，被評選出之得標建築師？

政府如非視這位得標建築師是為城市及國家創造競爭力之顧問，而採一個面對奸商自需予以重重防弊之態度，自然就會衍生今日所見公共工程法制運作之結果，但這種態度及結果，顯非適宜。因為鑒於基本人性需求及自由市場機制，沒有一個有能力之建築師，有可能自費投入大量資源得標後，卻要忍受被政府沒有尊嚴又沒有對價地糟蹋，伊大可將自己資源投入其他國家之公共工程或私人之工程；質言之，一個有能力之建築師，將因為政府採購法制之惡劣，拒絕參與公共工程，而事實上，這幾乎就是臺灣目前所有建築師共同之心聲及作為。

基上，政府這二十年來始終未能體認建築師是為城市及國家創造競爭力之顧問而非奸商，受害最大者其實是政府自己及全體國民，而城市及國家競爭力也在這樣公共工程法制中，消失殆盡。

二、政府立法技術面：公共工程法制應明確區分建築類及非建築類

當我近三十前年，大學聯考要選填建築系及土木系時，完全不知建築類及非建築類兩者差異所在；當我就讀成功大學土木系，之後轉系到建築系，並到中興工程顧問公司服務十年後，我即體認建築類及非建築類兩者，在業主面、廠商面、工程面及法制面等，均有完全不同之內涵。

基上，公共工程法制面自有明確區分建築類及非建築類之實益，且事實上，正因為目前公共工程法制面均未明確區分建築類及非建築類，諸如：公共工程主管機關行政院公共工程委員會中幾無建築領域專家，卻要掌管及決定公共工程中所有建築物之事務；建築師評選委員會中常見土木專家遠多於建築專家，卻要評鑑及決定所有投標建築師中何者最優；中央及地方政府屢屢修訂技術服務契約範本，卻至今不知也不願將建築類及非建築類明確區分等，致使建築師在公共工程

領域持續承受各面向之不當對待，其後果同樣是讓政府自己及全體國民成為最終受害者。

綜上所述，公共工程法制之健全，最重要者在於政府應建立正確之看待廠商態度，以及政府應執行正確之立法技術，但我國至今，兩者均付之闕如，甚且政府對此毫無知覺，更無心查明，無怪乎這二十年來，政府及民間為改善公共工程法制，投入無數資源及努力，實務實際操作之結果，仍是反其道而行，故特此撰文如上，願能喚醒執政者之重視。

重生，比創生更難

● 潘天壹／潘天壹建築師事務所

地方創生在日本，一鄉一明星或一鄉一特色，已不陌生；不只是談由下而上的生機，也得連結自力更生的商機。當我們回顧當代原鄉的原民教育，原民城鄉風貌，產業人才培育，不免會思考原民青年鮭魚返鄉的誘因為何？

反過來說，家鄉之所以迷人，應該是遊子身體還帶著家鄉的血液吧！

某日造訪了臺東都蘭糖廠，與駐點原民藝術家一席偶談，發現藝術創作實難營生，必須仰賴海岸教學捕魚與浮潛的課程；而類似捕魚的課程，與原民偏鄉的實際教育內容大致上關聯性不高。

場景來到花蓮撒固兒部落的Ali Bung Bung飯糰，阿嬤利用林投葉包糯米的傳統飯糰，極具特色但又藏於民間。我常常會突發奇想：如果這些捕魚、採收葉片包飯糰、射箭或編織的場景，能融入到原民教學內容，或產學人才培育，會發生什麼化學變化？

好比遊子返鄉，如果他以傳統木作與木業重起爐灶，或可謂之「地方創生」；但若他回溯到原初林木的根源而開始植樹，培植生活食材與屋材的植生源頭，我大概會給一個名詞為——地域重生。這裡的重生，比較像是再談縫合地域傳統源頭近乎斷裂的根系。換一個角度，當建築專業者臨到這片土地上，將不再只懂得木構造的原理，他會同時具有國土培林與造林植樹的危機意識。

眷村再造：一段人去村空的遺忘史

好比談空軍新村與新竹大煙囪改造，或是來談四四南村。我常常會關注那一段

「環境整頓清潔」工程，特別是整修前的「住民的移除工程」。以工程角度，老眷民會經歷一段全盤移除與安置，然後我們會保存某些「老木窗或木門」，或者一些老器物來進行緬懷。但是，老眷民與村民過去的一手好菜，那些真正的相濡以沫的廚藝與生活場景，卻再也容不得了。我甚至認為，移村歸零再進行工程再造，應該是所有眷村再造的第一個會犯的錯誤。

另一個有趣的觀點是眷村基地毀滅後的國宅改造，或是社會住宅改造。可能受限於開發指數或戶數，公設比的政令限制，先期規劃或發包成果必須順應社宅的政令因素，似乎也不易保存某些原始眷村血液的空間模式語言。我猜想眷村或住宅場域風貌，應都屬於大時代巨輪劇烈推進歷程下，另一個沉默的牲品。

羔羊們之所以沉默，大概也是順應著先期規劃審查會中一波「遵照辦理」的風氣之下，先規者慢慢遺失了浪漫，也不再覺得這樣城鄉風情的保存有何誘因，在現實的因素之下，修復就是修復，新建就是新建，坪效就是坪效。

讓建築成為一段有生命的故事與生命履歷

有經費即可上網，有期程即可送審，有發包即可保留，有營運者即可變更，有國際標即有品質。

但，為何而戰？

我想許多公案，應該都是最不知為何而生，生一步算一步，生多大與如何生，生了如何養而形成。在生父尚未出現，或營運計畫未明時，已默默地進行了人工授產與代理孕母，許多具特異功能的建築巨嬰紛紛產出問世。（如果特異功能不符或超出甲方預期，可能會被判超量設計）

二〇一八年世界花博的后里森林園區，有了一次機會在生產之前，擁有一段完整的策展團隊論述與布局的過程，以一回臺灣植生棲地生態的論述上台。雜學校的校長亦云：「在未來，人人都是策展人。」如此一來，建築與環境或將成為一段故事，他擁有一個完成的生命歷程，從為何而生，如何而生，生後如何長得好，他的營運，他的血液與他的再生，建築成為了一段完整的生命履歷。

對於一棟建築的新生，他的故事鋪寫，軟體策劃，先於空間計畫的鋪陳；他的營運進駐者的先期考量，可結合地方人才的脈絡；他的營運計畫，可以結合產官學研的顧問與評估，與營運財務評估；他的營建資源，可以結合建築履歷的大數據資料庫與實質造價基礎；營造與施工技術之規劃，也可以借重國內外顧問之經驗交流。最後回到使用階段之營運、活動策展等面向，他的許多生命維繫因子與條件，可能早在計畫萌芽的初期，都已經大致定讞。

一棟建築之生，如同一段生命歷程的故事，而建築師，其實就是他這一生的主要策展人。

不忘「本」、發揮「本」的永續之路

──二十年後，原住民可持續部落與族群的期盼如何了？

●關華山／東海大學建築系教授

九二一數天之後，夥同東海建築系師友勘訪災區，隨即投入原住民部落的重建。

當下警覺：向來政府「山地平地化」的政策是錯誤的。因為臺灣是嫩山水，而非老地塊，大陸板塊與菲律賓板塊還持續推擠，使地震頻繁、玉山吋吋抬高，加上颱風年年襲擊，地形地貌不時變動，正是大自然物換星移、撥弄滄海桑田之強勢。

我們該覺悟到，臺灣人向來是颱風、地震的命，只能順應自然、趨吉避凶。再不可抱持上世紀挾科技、人定勝天的驕矜、錯誤心態與作為。事實上原住民千年試誤下，累積的傳統智慧比比皆是，只是國家、主流社會的刻板印象，低估了原住民順應自然災害素有之能耐。

所幸時代大趨勢已使世界見識到全球氣候變遷的巨大威力，而有識之士在上世紀末已提出人類「可持續發展」的新世紀願景。而九二一災後社區與國土重建大體上依循了此大方向，但畢竟是第一次認清與操練這個環境、經濟、社會均衡可持續之複合性理念，作用在我們特定的自然環境、社會情境裡。其中多年來已推動的社區營造，雖提供了動員上很大的助益。如今回顧起來，很顯然還有許許多多未逮之處。以下試著清理、檢視一下，到底狀況如何。

一、實質環境上

應付震災、風災之重害，有「原地重建」與「遷村」兩種。前者主要在住屋與學校重建，後者則為整個社區的重建。新校園運動下，原住民部落小學及一些中學的確帶出新氣象。包括自家主導或外界資源設計引導的住屋重建，也多少如此。然而它們是否的確能順應自然，成為綠或生態建築，或者能否回應族群文化、空間觀念，仍有相當差距。一些面目模糊、急就章的家屋、小學至今又待重建，由此可見一斑。九二一遷村案多數拖了許多年才完成。莫納克風災後學到教訓，遷村建永久屋，速度加快了些。

二、自然環境復育方面

中橫封山貫徹到底很好，引入生態工法也是好事。可是山區道路復建多年來，每每風雨災後仍採急就章，聲稱以應付山中部落需求，以致生態工法不徹底，繼續投國家資源入此無底洞。有魄力具長期目標的改善策略始終未見到，似乎道路工程公、私部門都不願費時費力、一勞永逸補好此經年柔腸寸斷的、連通山區與外界的生計臍帶。

同樣的國土災害潛勢資訊已上網，然而更細緻、地方可用的資訊還待加強，尤其大而長期復育、預防避難的政策、策略與作法，仍未全面扎實上路。更何況嚴重空污已近逼到南投埔里等口袋地區，南部、北部一些沿山地區恐怕也難逃其害，而此害嚴重及於全身器官與心理，不論原民非原民。政府不仁，莫過於此。

三、經濟上

部落原地重建，產業是一大塊。早年種檳榔水土保持不佳已被認清，種植果樹竹子大致仍維持。倒是種茶、製茶、創品牌更常見了。進而種咖啡，自行烘培與銷售，以及有機農業也漸推廣。但後者產銷因遠離都市，仍是問題。至於深度自然文化旅遊、開闢民宿曾一度為許多部落的賣點，然而能否長期保持吸引力與大環境是否景氣，仍是能否永續的關鍵。政府近年每災之後，補貼旅遊只治標不治本。

曾建議原民會興建設置各族群之「文化暨自然中心」，以帶動部落及地方性之文物小館舍，至今也只出現「鄒族自然暨文化中心」，但其軟體完全沒跟上，未發揮預期的任何功能，相當可惜。

四、社會永續方面

原住民部落傳統上本來就相當團結、彼此認同，而有所謂部落主義。可是受外界影響下，個人、小圈圈包括村長與社區發展協會理事長，多有競逐利益之爭。在災後重建過程中就屢屢發生，至今也難免。反而女性族人之間團結合作優於男性，她們善於處理部落日常生活諸事，且是部落良善的膠著劑。

於現今時代，傳統部落主義思維如上所述已變質。然而以前未見、現今卻必要的各族「族群意識」，卻始終無扎實的支撐點，只靠原民會各族的二位選任代表（一支薪一不支薪）。九二一之後，邵族正名乃遲來的正義，然而後來陸續正名的族群，卻有部落主義升級之感，只以「支群」，而非真正文化、傳統、語言的大異做正名基礎。這也可說是，因為筆者倡議的各族群自己的文化暨自然中心提案，未被重視的後果。至今各族群傳統領域設置自治區，也受限只看重部落的傳統領域，而未擴及整個族群的，因此無法著力突破。這該是族群的魂魄未建立所致。

記得九二一災後，某族群帶頭重建的長老，努力於正名之路，曾戲稱自己是

「國父」。此雖為戲言，卻也指明族魂、意識之重要性。換言之，族人必須認清我族多方面之獨特性，與他族大異有別之處。經過九二一二十年後，期盼各族群體認到部落團結與族群團結，以致所有原住民族群共同團結的意識，三環節缺一不可。

五、生活福祉上

所有環境、經濟、社會、文化之可持續，最終總和目的即在提升各世代族人的生活福祉品質。如今總檢討族人的生活福祉比起二十年前，提升了嗎？依前述檢視，可知有變化，進步也有，缺失也明顯可見。離總體族群可持續發展的願景，待努力的功課，無可諱言還不少啊。

• • •

月前，有機會參與教育部原住民國小與中學的「新校園運動」成果訪評工作，見到各校均設置了「幼兒園」。沒有的，也由鄉公所負擔此事，以取代以前水準差的「托兒所」，而真正帶入學前教育，這毋寧是一大進步。災前個人即感受到部落的托兒所不要也罷。當時教育部正推動學前教育，卻受制既有諸多私立「幼稚園」之既得利益，只在少數公立小學設立。災後我有機會在一會議上建言原民會主委約翰尼，要求爭取教育部先行在原住民小學實施。如今此議果然實現了，真是好事一樁。

訪視當中，也見到各校均開出族群文化、語言、歌舞、工藝等課程，同樣值得讚賞。倒是我再建議多校，傳授傳統智慧最好能連貫起現代相關知能，才好培養學子不忘「本」，且又能發揮「本」，連結新知，運用到現代事務上，這正是前述設置「族群文化暨自然中心」的另一深意，將來這些學子能夠自治族群的傳統領域以及文化、社會、經濟發展事務，成為國家重要主人之一。

後記

過去三週七月天，又有機會隨同原民會委託的「文化健康站」中區專管中心人員，督導了邵、布農、賽夏與鄒族約十七個部落照顧長輩的「文健站」。為其硬體房舍環境之缺失，以及各營運團隊所提改善工項之妥適性，做充分了解，並當下提出相關建議與確實之解決辦法，供專管中心、縣府承辦與站主可據以執行。

所謂文化健康站有如國外的老人日間活動中心（day center）與照顧中心（day care）的合體，是為政府因應超高齡社會即將臨頭，正積極布建長期照護服務網絡二・〇的ABC三層級設施中，最底層最前線的C級站。

在各部落見到族人、外來媳婦、教會同工共同努力投入，為長輩們開闢一所療癒／育性場域，常在差強人意的老舊或克難房舍當中，著實令人感動也欣慰。

類同部落幼兒園全面設立，文化健康站若能逐步跟進一一到位完善，庶幾達到孟子之理想——老吾老以及人之老，幼吾幼以及人之幼，以至「天下可運於掌」，那才真成就了可持續部落的願景了。

用設計力與設計思維進行社會改革

——從九二一新校園運動到設計研究院

● 張基義／交通大學建築研究所教授

二十年前九二一的晚上，我一個人留在臺北市科技大樓捷運共構的十一樓辦公室，整理隔天需要帶去臺東的設計簡報，打算一路弄到清晨直接搭第一班華信航空七點十分的飛機回臺東。霎時天搖地動，大樓搖到礦纖天花板紛紛掉落，鋼骨結構大聲作響，沒經思索，我緊急抱著在辦公室磨石子地板如花式溜冰般滑動的全彩大圖出圖機，因為這是當時創業最昂貴的設備投資。十秒之後科技大樓站停電，我從十一樓連排及腰的玻璃窗往外看，望見大安區往西北的半個臺北烏漆一片，伴隨著變電箱偶爾爆炸恍若黑夜中點燃的仙女棒。心中閃過最壞的猜想，傳聞已久的中共攻臺計畫恐已成真。打國際電話給遠在溫哥華的內人雪君，方才得知臺灣中部地區發生了百年大震，CNN與國際媒體在第一時間皆已報導。報完平安後，提著緊急照明，將已經輸出的大圖置入圖筒，帶著筆電與單槍投影機，由逃生梯摸著欄杆走到一樓，回家等候天亮趕赴機場，臺北因為停電所以對地震的災情僅能藉由廣播得知。飛到臺東落地，與父母透過電視轉播目睹臺灣經歷世紀恐怖的浩劫。

一場建築與教育的寧靜革命

當時我在淡江大學建築系擔任一年級的導師，我們的新生也有多位是來自中部災區的學生，學校與系上盡可能在學習與生活上給予個別的照料與協助（雖然只是杯水車薪）。之後，因為二〇〇〇年有機會參與設計教育部大樓一樓右側的記者室，與九二一新校園運動階段成果展，常常有機會與教育部政務次長范巽綠碰面。地震之後她承受立法院與媒體對重建工程進度的要求，壓力如排山倒海一般巨大，但范次長與辦公室殷寶寧秘書皆能平靜應對。她們以無比的勇氣承擔行政責任，換取了九二一新校園運動整備與發動的時間與機會。在那一段艱困的時間裡，教育部范巽綠次長與重建委員會林盛豐副執行長兩人攜手合作，在僵化的官僚行政體系之中，創發了一種二十年後的現在都還難以企及的行政機關健康的生態系統。在這個生態系統之中，行政機關可以挺過年度預算執行壓力，廣邀全國熱血的建築專業與教育專業，一起攜手進場改變。二十年前這場建築與教育的寧靜革命，它是地動綻開的花蕊，經過二十年臺灣政經的動盪，雖然沒能在機關體制內徹底改變越來越嚴峻的採購惡法文化，但卻在更廣域的設計跨域與臺灣新一代的設計能量上遍地開花。

二十年前這場建築與教育跨域的熱情邀約，讓政府機關與專業者在同一個平台上，為共同的理想經歷類似設計思考（Design Thinking）的流程，包括：

一、「同理心」（Empathize）：建築師被視為夥伴不是廠商。

二、「需求定義」（Define）：由老師與家長定義空間機能。

三、「創意動腦」（Ideate）：突破傳統最低標，採用最有利標及設計成果展與大眾溝通交流。

四、「製作原型」（Prototype）：以合作社方式集體尋找出制度改變的突破單點。

五、「實際測試」（Test）：進入機關龐大的行政體制藉由大量的測試回饋與修正採購流程。

這種開放積極擁抱創新、持續修正，創造最符合使用者需求的公共服務體驗的精神，恍若曇花一現。二十年之間公務機關為防弊愈趨保守，也成為妨礙臺灣創新發展的主因。

長期以來，設計在臺灣各地方政府權責分工的體制中，被局限並分散在各局處，如文化局處的文化創意產業，都市發展及城鄉發展局處的都市、建築、景觀、室內設計，新聞與傳播局處的城市品牌與城市行銷，研考與計畫局處的設計思考與跨域創新，產業發展局處的產業輔導、人才培育，觀光局處的通用設計、觀光據點規劃設計，農業局處的包裝設計與創意行銷。因此，設計在傳統的地方治理工作與業務並非地方政府城市治理的核心價值。

促進整體產業升級的軟實力

臺灣地方政府重視設計價值肇始於宜蘭，陳定南縣長與林盛豐總顧問及縣府團隊，一九八一年至一九八九年把設計導入宜蘭縣政府，創造了「宜蘭經驗」，九二一新校園運動更將設計能量拉高到中央部會。二〇一一年臺北舉辦「世界設計大會」，是臺灣第一次以國家高度及規格全面重視設計，並藉由行政院的平臺推動設計。二〇一六年臺北舉辦「世界設計之都」，以「Adaptive City 不斷提升的城市」為核心訴求，除了邀集熱血的設計工作者，參與公共政策事務討論，也為公務員辦理「設計思考系列課程」，藉由「社會設計」思維的導入，讓城市治理也能有創新精神。「世界設計之都」成功的凝聚了臺灣年輕一代的設計專業者，以跨域共創的方式，對快速變動的臺灣社會提出具體的觀點與作法。這股年輕專業者進場改變的正向力量，後續投入二〇一七臺北世界大學運動會品牌行銷、內政部身分證重新再設計運動、二〇一八臺中世界花卉博覽會、二〇一九臺灣燈節。

「設計」是驅動我國經濟成長之重要推手，更是促進整體產業升級重要的軟實力，為提升「設計」在公共服務影響力及推動產業創新，財團法人臺灣創意設計中心擬配合行政院正全力推動之前瞻基礎建設計畫，以設計思維和設計美學做基礎，加速轉型成為設計研究院，建構政府與產業間之協作平台，溝通前瞻思維作為政策規劃、建設推動，帶動產業升級的專責機構，發展國家設計競爭力，形塑國家品牌形象。

面對當前瞬息萬變的國際局勢，世界各國都希望藉由創意經濟的發展提升國家整體的競爭力。各國亦紛紛針對創意設計產業制定國家政策，並積極設置國家級設計中心與設計推動機構，希望透過這樣的組織，培養人才設計實力，向外推廣本國設計產業與人才，提升創意產業經濟力，形塑國家品牌形象。對內活化全民美學素養，並使創意設計成為產業轉型的推手；也利用設計力與設計思維進行社會改革，改善生活環境與公共建設，促進地方再生，同時，提升國民解決問題與應變變化的能力。

二十年前九二一新校園運動地動綻開的花蕊，促成二十年後設計研究院與文化內容策進院，成為扮演臺灣軟實力推進的雙引擎。

PART

4

建改精神的傳承

逆風前行

——向創社陳邁社長致敬

● 徐岩奇／建築改革社社長

陳邁先生是建築改革社第一任社長，當時的我擔任總幹事。陳先生和我相差三十六歲，外人很難想像年輕人如何和他熟識？特別是建築界重視「輩分」，世代中間存在隔閡才是常態。

記得是九二一校園重建完成不久，有天接到一通電話，那端自稱是陳邁，說他要連署（二〇〇四年發起關於採購修法及建立標準契約範本）。心想陳先生是何等大人物？因此只記得自己握著電話的手在發抖。之後辦公室就經常電話傳來：

「陳邁先生找」，接著就三天兩頭跑宗邁（陳先生的建築師事務所）。從此有機會貼近陳先生，他總是帶著笑容，不會輕看我們這些毛頭小子。偶爾見到他總是坐在評審主席的位置，甚至有次競圖還不小心碰上僥倖贏了宗邁，陳先生竟然跑來握手恭喜，長者的氣度讓我不知所措。很多人和他之間有類似小故事，因此陳先生被建築界視為精神領袖！

建改一次全面啟動

建改社前身是九二一新校園運動合作社，在二〇〇七年決定常態化，陳邁被共同推舉為創社社長，開始帶領著一批年輕人從事改革。建改社的三個工作主軸：學術、文化、實務組，反映陳先生曾經在學校任教、主持雜誌社、擔任建築師的三個經歷。他在談危機意識時涵蓋全面，早期從他擔任東海建築系主任開始，看到考試制度、執業環境不合理將造成年輕人傷害，但公會並不關心這些議題，他很欣慰眼前這批年輕人和他有共識。二〇〇八年前有個契機，即陳柏森先生時任工程會副主委，林欽榮時任營建署長，建改社夥伴研究修改採購法等，並由陳先生帶著呂欽文等拜訪工程會、營建署，提案修法及建立契約範本。同時他也帶著張基義等拜訪考選部，推動建築師考試制度改革，訴求提高錄取率、建立題庫等。文化組的主要工作是將論述文章集結出書。這是建改社行動的第一個高峰，一次就全面啟動陳先生架構的建改。

但政黨輪替後，中央沒有熟悉建築政策的閣員，建改被迫中斷。改革突破的關鍵是政府部門有人懂建築，有民意代表願意支持，且有很強行動力的民間團體。這期間建改社也沒閒著，鼓勵社員參與各地方公會選舉，進入體制內改革。到了二〇一六是建改行動的第二個高峰，建改社遊說吳思瑤立委支持，又開始提案修法。但公會改革、實務界與學界鴻溝的彌平，還需要時間，尚待水到渠成。

陳先生不多言詞，但最常講的一句話：「不忍心看到年輕人經歷他同樣的苦。」他卻不常談自己究竟吃過什麼苦？直到讀了他的傳記。他投入在公共事務的精力，我看到的也只是部分。不少人曾攻擊過陳先生，他淡淡的說：「人都不完美。」我也曾被問過：「建改社到底想幹嘛？不確定你們目的這麼單純，或是看得到的這些？」例如：建改社在推動評選制度改革時，被質疑「你們不就是既得利益者？」，被影射是「門神」。建改社站在專業分工立場支持景觀、室內設計師立法，不免被貼上傷害工作權的標籤。改革無法立竿見影，需要時間證明它是對的。例如最有利標、事前公布評委名單，我們現在認為理所當然的進步方向，但社會花了十年才理解其重要性（建改社十年前的提案）。

積極栽培年輕人接棒

改革者同時也要接受檢驗與批評，任何一點私心、道德瑕疵，就先換來萬箭穿心。也因此知道陳先生被推崇為人格者的不易，以及後續接任者之重擔。到了呂欽文準備接社長，就開始面對承擔不起的壓力。我在接任的前一年常失眠，有天陳先生來電話溫婉勸道：「建改社長是要付出的，是一種社會服務，的確需要和家人評估。」因為陳邁先生精神領袖的形象，社長位置似乎非得足夠「輩分」不能承接，在陳柏森、曾旭正接任後，呂欽文接任過程就開始曲折，象徵著建改行動者要擔大任，再由曾光宗到我，象徵世代交替。建改的期程，沒有當初預期的快，因此需積極栽培年輕人接棒。

「建改社必須要能論述且要有行動力」這就是能推動改革的關鍵。陳邁先生引導後繼者把其一生的志業化作為行動，陳柏森先生說你們選擇最難的事去做，空談並不會產生改變。因建改社無私的改革形象，在推動建築改革的過程，工程會、營建署、考選部把建改社列為邀請對象。但社內也有人不投入卻抱怨連連，陳先生也會幫忙找理由，說他們要忙著經營業務；也有說風涼話「不要接公家案就好了」。社內也有茶壺裡的風暴，吵吵鬧鬧是正常，畢竟建築人自主性強，要把大家團結起來談何容易？有人要堅持己見，還要面對外界攻擊，太容易就可以有灰心放棄的理由，能凝聚力量的唯一理由是「為了下一代」。

一年半前接到陳先生來電，他支支吾吾提到不知怎麼辦好？才知陳先生一生在幫助別人，此時需要被幫助但不知如何開口。宗邁雖然不是這幾年才開始面對機關不合理的對待，但是近來至少兩個事件顯然對陳先生的身體打擊很大。建改社接續向立法院、監察院陳情，還有張哲夫先生、夫人等人俠義相助。陳邁先生雖罹癌多年，但一直控制得很好，卻在彰師大案遭指綁標圖利特定廠商、法院一審判有罪後而面臨停權。陳先生一生重視名譽，面對承擔不起的指控，造成病情急轉直下。如果把四年前吳明修先生過世也算進來，扭曲的採購文化已害了兩位大老！這也是所擔心的採購法危機，會陸續造成大小事務所「熄燈」，年輕新秀「曇花一現」，優質營造廠遠離公家案不斷的「惡性循環」。修改採購法並不是某些人所說的只是為建築師的「權益」！

期許後繼要有來者

在那個大時代，陳先生歷經戰亂顛簸地來到臺灣，靠著打工、送報，夢想當飛官又峰迴路轉考上成大建築系。讀了陳先生的傳記《習築、憶往》，嘆他這一生真精彩，也才知道他樂於幫助別人的特質，與這段受別人幫助的成長過程有關！橫跨四十到八十歲的建築人，多人受過他的提攜，其貢獻更關係著年輕人的未來！二〇一四年他獲得了「國家文藝獎」的最高榮譽，建改社在九二一當天舉行大會，同時幫他舉辦感恩茶會。二〇〇七年建改社成立時，只有陳先生的頭髮是白的，現在大家也都花白了。有人祝建改社「社務蒸蒸日上」，我急忙回如此社會就不健康了，建改社有天會結束關門，就是改革事業完成時；這與陳先生不眷戀權位，都在為別人著想的思維有關。

二〇一九年四月十一日傍晚傳來他過世消息當下，建改社正與時間賽跑推動改革中：吳思瑤立委推動採購修法三讀，林盛豐監委要求中央釐清監造權責等五大議題；包括最有利標、事前公布評審名單、提高建物單價等，很多建築師、營造業界反應有感，向建改社致謝！

把建築人心繫在一起，陳邁先生的影響力前無古人，但他鼓舞後繼要有來者！透過這篇文向陳先生致敬，同時把建改社創立的精神記錄，以期後人永遠不要忘記！

左：廣英國小模型。
右：第六屆社長徐岩奇接棒。

「為下一代鋪一條道路！」

——記與陳邁先生為建改走過的日子

● 呂欽文／建築師、建改社第四屆社長、臺灣大學建築與城鄉研究所兼任教授

陳邁先生離開至今的這段時間中，看到社會各界用各種方式表達了對陳先生的懷念與敬仰。從許許多多的文字裡頭，我們看到了很多小故事，一段一段編織出了陳先生平易、溫暖、熱心、古道熱腸的人格風範。

我個人印象中，沒見過國內有那一位建築專業者，逝後能受到如此的感念；陳先生行止風範之受人尊敬、銘感人心的程度，可見一斑。

我有機會結識陳先生，並在他的帶領下一起為臺灣的建築做了一點事，完全是

因為「改革」的理念與機緣。

不論是在立法院、考試院、監察院、工程會、營建署，在各種涉及建築專業的會議中，受邀出席的，過去只有建築師公會；近年來總會多了一個叫做「建築改革社」的位子。甚至，某些會議，公會「無法」或「未能」出席的，也會看到建改社的代表坐鎮其中，為建築師執業環境發言，爭取公平合理的權益。

去年，臺中市政府的一個國際競圖，因為損害我國建築師獨立投標的權利，由建改社帶領抗議後改變了投標方式。類似這樣的行動，這幾年來並不少見，也都在建改社的介入後，有了不同的結果。

「建築改革社」已成了從事公共工程的建築人，當他們在執業過程遇到不公平不合理對待的時候，作為「投訴」或尋求奧援的第一選擇。

在許多新聞事件中，我們也常看到建改社的成員在報章雜誌或電子媒體代表建築界講話，添補了建築師公會「無法」或「未能」發言的空缺。

「建築改革社」以一個自發性的民間組織，正式成員不到兩百人、年度預算不足三十萬的社團，確實發揮了相當的影響力。姑不論建改社的成果如何，至少在建築師公會的運作紛紛擾擾的這些年，建改社在「建築師公會」這個國家認可的體制之外，凝聚了改革的力量、揭示了建築專業的理想與願景、維繫了許多年輕朋友的希望，這點應該是值得被記上一筆的。

建改社與陳邁

是在二十年前的那一場大地震，一起參與重建的陳邁先生與一群年輕建築師們相遇；一方是為重建的人才尋尋覓覓，一方是滿懷熱情與理想，準備為美好的新世界赴湯蹈火。兩股力量邂逅，彼此都為對方的理念感動，啟動了當下的災後重建工作；也在「地動的裂痕」，埋下了日後為更遠大的目標努力的種子！如果說「建築改革社」的誕生，是地動綻開的花蕊中極為燦爛的一朵，應不為過。

在天災的非常狀態，越能凸顯我們的建築法令與行政程序疊床架屋、顢頇無效，掣肘有餘、興利不足的問題。重建的急迫過程中，常為許許多多的「程序」與「規定」耗時費日：為蓋一個行政章南北奔跑、為一個可有可無的套繪圖翻箱倒櫃……，這些枝枝節節的事，像是一隻隻蟑螂，莫名其妙地會從許多角落跑出來，要花費很大的力氣去周旋；苦了建築師、苦了災民、更苦了不得不照章辦事的公務員。

當時還好教育部有范巽綠政次，重建委員會有林盛豐，以及以陳邁為首的顧問群，共同主導工程協調機制。他們常在法律邊緣，以「彈性」的方式處理了本來無解的問題，終於迅速地推動多項重建工作，讓災區早日度過難關。

這一段經驗告訴我們，迂腐的機制，損耗的不只是時間與精力；它磨掉的，是人的熱情、理想，與整個社會潛在的能量。

災後重建任務的執行圓滿，讓我們以為建立了一套良好的建築管理機制、樹立了行政作業的典範。但，我們是太樂觀了！

國家機器的偉大與「可怕」，就在於它像「大染缸」般的作用力。任何的改變，很快地就會在這個染缸裡頭被「稀釋」、「消化」於無形。

災變之後，一切又歸於平靜，所有的作為模式又回到原點。尤其，「政府採購法」被大力推動後，我們擔心的問題，不只一個個回來，甚至變本加厲。

許多建築師，尤其是滿懷衝勁的年輕建築師，被公部門的採購制度整得哀鴻遍野，被機關刻薄保守的手段弄得生不如死。咬牙苦撐的有之、棄筆改行的有之，更多的是遠走他鄉，想要在臺灣以外的世界尋找建築的春天。

這已不是專業的問題，已經是社會的問題！

陳先生看不下去，找了我們這群九二一時代「新校園運動合作社」的夥伴。一聲「何不團結合作，共同推動建築執業環境的改革？……為自己也為下一代鋪一條道路！」

「建築改革合作社」於是在二〇〇六年誕生，後來正式登記為「建築改革社」。在那張臺北紫藤廬，我們稱之為「建築興中會」的合照中，許多大家熟悉的面孔都在裡頭。陳先生在最核心的位置。

無役不與

建改社的初始，說我們是「沿門化缽」一點也不為過。

改變制度最直接的工作就是拜訪公部門，從與機關首長溝通理念開始。

而我們無權無勢，空有一肚子理念。唯一能依靠的就是陳邁先生在業界、在社會上積累的聲譽。於是，我們常常抬出陳先生的名號，求見工程會、營建署、縣市局處首長。每次會見，我們總是跟在陳先生後面，手裡提著我們的論述資料，大包小包的魚貫進入機關大門，像極了一個老和尚帶領著一群小和尚沿門托缽的場景。

有的機關表現得較積極，把我們的話聽進去了，有的機關卻只是熱情有餘……。有一次，某長官送我們出門，臨別苦著臉給了我們一個建議：「要改變不那麼容易，最好能有立法委員幫忙，會比較有效！……」。

於是，我們利用各方關係，求見各黨各派的立委。那陣子，我們拜訪過民進黨立院黨團的柯建銘、管碧玲、賴坤成等委員。我們拜訪過國民黨的賴士葆委員。台聯的陳銀河委員當然也是重要的敲門磚。

但由於那些年間，立法院內「國事如麻」，我們關心的議題，排不上議事桌。

於是，我們還是回到基本面，建立論述、舉辦論壇、媒體發聲。在這段建改社篳路藍縷的期間，陳先生不論是什麼樣的活動，無役不與。他總是第一個到，陪著收拾完座椅才走。他怕我們花錢，常到他南港家的社區辦公室開理監事會，還幫我們準備披薩……。每次遇到不順心的地方，他總是笑瞇瞇的告訴我們要有信心、是非會在人心！

建改社在陳先生的帶領下，一點一滴的累積了基礎；也在一次次的社會事件中，累積了能見度，被看到了建改社的理念。因為這些積累，在各種會議中，如今才有了我們一席之地！

近幾年，我們有幸得到更多委員的關心，包括王定宇、黃昭順、吳思瑤；而其中，吳思瑤委員對建改社的相知相惜，大力為建改社開啟了各方活動的大門，讓我們看到了更寬闊的改革的前景。

當然，除了執業環境的改革，陳先生也花了滿大一部分精力在考試院。

他認為不當的考試內容，埋沒了優秀的人才，更讓我們的建築專業走在不健全的道路上。他鼓吹建築師考試改革，強烈建議以實務經驗為主的建築師考試方向。他更實際的參與諸多科目的考題設計。他常為一個題目的深淺難易、命題旨意，字斟句酌的參與討論；用心之深、之苦，超乎我們想像。

陳邁先生在他接受國家文藝獎的影片中，把帶領建築改革的這段歷史作為重要的篇章。很顯然的，建築改革，是他內心頗為重要的一個區塊。

「這不是有沒有錢的問題」

陳先生話不多，也很少提出驚世的言論，但看似平凡的言語卻常深藏大是大非的道理。

有一次我們與工程會爭論建築師的工作內容。工程會強調「既然給你錢你就要做」。陳先生鄭重地說：「這不是給不給錢的問題，而是該不該做的問題！」一句話點醒了深陷在「金錢就是權力與義務」迷思的公部門官員。

陳先生一生不缺什麼。從拜別父母偷渡臺灣的離情、舉目無親送報維生的辛酸、飛官夢碎前途茫然的困頓，到力爭上游學習專業的喜悅、多方成就受人敬仰的慰藉，悲歡離合甜酸苦辣，都不缺。

人生的意義，我們不知陳先生會如何定義。但從他的所作所為，我們至少可以清楚知道，他費心費力的作為，不在於增添他自己的衣錦榮華，而在於他常講的一句話：「為下一代鋪一條道路！」構建一個環境，搭建一個屋頂，讓其他的人，能免於受到風吹雨打……，陳先生的一生，都在為這句話做實踐的工作。

那是一種愛心：「推己及人」，這應該就是陳先生一生的理念準繩。當一個人終其一生為一個理念奉行不渝，他這一生的故事給我們的感動，是滲入內心的，這已經不是空泛的形容詞可以描述的。

我們都很好奇陳先生人格成長的歷程到底為何。其實也不難理解。他在自傳式的記事《習築、憶往》中有許多小故事，那些境遇，相信都是他往後推己及人，以改革為念的因子。

「不經一番寒徹骨，焉得梅花撲鼻香」，正是陳先生一生的寫照。

記念他，繼承他的意志

沒有陳先生的建築改革社會怎麼發展我們不知道。但沒有陳先生的大傘庇護，

上：陳邁與吳思瑤委員情如父女。
下：建改社在陳邁帶領下拜訪立委。

建改社，以及走在一起的許多朋友，要自己摸索，會走得比較辛苦是事實。但陳先生已經帶我們走到這裡，已鞠躬盡瘁；後面的路，該我們自己爭氣地走下去。紀念他，我們就是要繼承他的意志，學習他的理念，尤其是他的「愛心」！

記念他，擦了眼淚，其實也沒有太多的悲傷，反而像是因為陳先生已內化到我們心裡，因為承繼了他的能量，讓我們對未來更充滿了願景。

陳先生您在天上好走，我們會在世間會秉持您的理念，繼續地走下去！

「建改社YOUNG TALK」開啟改變力

——淺談建改社「世代交融」的實踐與作為

●吳宜晏／雄獅集團欣傳媒建築社群副總監、欣建築主編

建築改革社（簡稱建改社）自九二一地震後成立至今屆滿二十年，期間為臺灣建築業發聲，上至法令，下至建築師考試制度推動改革不遺餘力，也因此積累許多有志一同的建築、景觀等產官學界人士的投入。為了讓不同世代建築人得以交流，在二〇一六年起以「Young talk」為題，號召更多有志參與公共事務的年輕建築人投入建改行列，也因此開啟「世代交融」的契機。

「建改社YOUNG TALK」緣起

「建改社YOUNG TALK」緣起於二〇一六年初某天下午，筆者與林欣億及潘天壹等兩位建改社理事午茶閒聊中所獲得的靈感，主要是想透過常態、定期的非正式非公開聚會，試著探尋看有哪些潛在年輕建築人願意一起投入公共事務的行列，同時凝聚課題，共同創造一討論、分享經驗的平台。二〇一六年二月六日適逢遭遇「二〇一六年高雄美濃地震」震災巨變，當時建築及土木產官學各界都因應此事件表達了相關看法與立場，而年輕建築師們也透過臉書、投稿社論等媒體來表達關注及關心，因此首場的「建改社YOUNG TALK」就決定以「二〇一六年高雄美濃地震」震災為題，邀請年假期間在建改社及個人臉書上踴躍發言的年輕建築師參與座談，彼此分享建築師執業所見所聞、遭遇的問題及關於本次震災後續延伸課題的相關論述與看法，讓大家能藉此機會開始參與公共事務，同時表達建改社對年輕建築師的重視，除了透過實際對談認識聽聽大家的建議外，也讓大家了解建改社針對此震災事件的相關作為及後續因應。

開啟對話、勇於反省、持續建改

首次「建改社YOUNG TALK」於二〇一六年二月二十六日由欣建築主辦邀請，假雄獅欣講堂臺大人文空間舉辦，參與座談者包括建築改革社曾光宗社長、陳柏森、林欣億、潘天壹及李仁豪、莫國箴、曹登貴、虞永威、劉獻文、劉仲豪、盧俊廷等建築師。當天下午為時近四個小時的座談對話，與會的建築師們從自身的建築師學經歷以及執業過程出發，分享許多寶貴的經驗，酸甜苦辣，無所不語外，也點出本次震災背後許多建築圈自身的問題及黑暗面，也許不能即刻提出什麼具體因應策略或宣言，不過從大家最後欲罷不能地暢所欲言、難以結束的情況，感受到彼此對於改善執業環境還有許多期盼！

本次座談並非要能立即提出什麼具體宣言，而是希望能讓參與的建築師有表達意見的機會與平台，過程中除了感謝建改社前輩們不吝提供建言、分享經驗，以及各位與會建築師們的侃侃而談，我更從旁感受到提升建築人的社會責任感的契機以及「世代交替」的時候已經到來。在此除了勉勵各位關心建築事的各方建築人別再只是當酸民在螢幕後面PO文發牢騷，也希望大家應該要挺身而出 自己爭取權益，進而改變這個不健全的執業環境，因為自己的專業環境要由自己來鞏固！當時由衷期盼這樣的「YOUNG TALK」能一路北中南東辦下去，除了串接年輕世代建築人的連結網絡，同時也讓「建改」的核心價值能持續往下扎根。

延續「建改社YOUNG TALK」的深入年輕族群的成立宗旨精神，同年暑假與臺科大建築系友會合作，利用「臺科大建築。迎向20」辦理期間，邀請建改社曾光宗社長、虞永威建築師、李仁豪律師、劉仲豪系友&建築師、林祺錦理事長&建築師及臺科大建築系施宣光主任等，針對「二〇一六年高雄美濃地震」地震後如何提升臺灣建築產業教育的社會責任以及建築師執業界現況為題，進行「建改社YOUNG TALK」座談會，希望透過一系列的交流活動讓臺科大建築系當年畢業班同學們能得到建築產業上最直接的建言，並了解「真實」的業界樣貌。

「重建改vs輕建改」與「年輕設計力崛起」

累積上述辦理經驗後，二〇一六年十月建改社會員大會延續建改社YOUNG TALK「世代交融」的精神及主軸，在會員大會上以「重建改vs輕建改」，邀請更多對投入建築社會責任有興趣的年輕建築人加入快閃短講。過程中有人從自己的業務出發，分享設計分享心情心得，有人懷抱熱情走入建築這一行，但被公共工程的冗長程序消耗殆盡，還是拖著身軀持續堅持；也有人轉進法律，協助建築人突破法律途徑，協助建築師建立好的執業環境；也有從政治人物及官方的角色，從不同角度去影響不同的事……所有參與的建築人們無不從關心公共事務出發，訴說著自己所遭遇種種問題，但不變的是大家都是對「改革」有所期待，也期盼在「改革」的路上能有機會付出，回敬建築人應負的社會責任。就如同曾光宗社長及已故陳邁建築師一直強調的：「建改是一條長遠的路，需要不同世代的建築人持續接棒、持續關心與執行。」徐岩奇建築師也期盼這次的跨世代建築人聚會，能承接起不同世代持續「建改」夥伴接棒的契機。在二〇一八年會員大會持續以「年輕設計力崛起」辦理座談，持續積累建築圈的年輕力量。

「改變」從參與開始

日前筆者有幸受到中華民國室內設計協會（簡稱CSID）邀請，為「CSID成立四十週年慶祝晚會」協力參與「CSID 40」紀念影片，採訪龔書章理事長，請他分享擔任CSID理事長期間較為重要且落實的事項。理事長特別提到，CSID是全國性組織，應該離開臺北到其他地方辦理相關活動，引導年輕世代室內設計師投入，及CSID理事會組織成員能常態性的汰換輪替，讓想參與公共事務的室內設計師夥伴得以進到協會來幫忙，積極加強室內設計界與其他領域的連結，這與「建改社YOUNG TALK」的理念不謀而合。

有感於「世代交融」已成為建築與室內設計等各界所著重，接下來就是我們年輕世代要自問：「你準備好起身承接了嗎？」在這個「大家好，自己才會好」的時代裡，遇到問題不能再只是躲在角落自怨自艾怨天尤人，因為「改變」就要從

上：「建改社YOUNG TALK」首聚會。
下：「臺科大建築。迎向20」建改社YOUNG TALK。

參與開始，唯有共同面對發聲，世界才會有機會改變，一切才能如你所願，共勉甚好……。

附錄
建築改革社大事紀

1999.09.21 凌晨1:47發生921南投集集大地震。

1999.10.24 人本教育基金會、臺大城鄉基金會、專業者都市改革組織OURs和象設計集團針對災校重建提出「創造性的教育重建計畫」。

2000.05.28 發展出完整的新校園運動構想並向曾志朗部長報告。

2000.06.21 由教育部曾志朗部長發函「給全國建築師的一封公開信」，召喚建築師參與競圖，啟動校園重建相關設計、甄選工作。

2000.08 由呂欽文主筆「新校園設計團隊工作站」發起函。

2000.08.15 「新校園運動合作社」開始運作，發出第1封簡訊。

2000.10.09 「新校園運動合作社」主動去函教育部，建議重建工程採最有利標遴選營造廠。

2000.12.22 教育部召開重建工程採最有利標記者說明會。

2000.03.16 學校工程陸續決標，採用最有利標的三十三所全數決標，半數以上已開工。

2001.05.01 由呂欽文主筆有關建議檢討政府採購法建言：「為我們校園環境及新的公共工程品質向敬愛的張院長建言」。

2001.05.11 教育部自5月至10月於全國北中南三區舉辦長達半年之「地動綻開的花蕊—921新校園運動階段成果展」。

2001.11.16 新校園運動合作社發出第38封簡訊，說明募款及支出。

2001.12.01 校園重建陸續完成，《建築師雜誌》刊登「走出震殤——災區校園新面貌」。

2003.04. 教育部出版《為下一代蓋所好學校：突破與創新－校園運動》專書，從200多所重建學校中挑選50餘所，呈現921校園重建成果，期待讓新校園運動的理念與真義，在每一位教育工作者的心中扎根。

2003.12.01 遠東基金會出版《大破大立——遠東921校園建築獎》。

2004.09.14 由徐岩奇發動針對契約範本與修正採購法連署，並發文至工程會。

2005.12.24 發生「鳳山國中事件」，楊秋興縣長以此事件攻擊教育部舉辦之遴選。新校園運動合作社召開連署、記者會支持范巽綠政次的施政。這個事件造成採購法制度急轉直下，包含遴選制度改為委員隨機誕生等。隨後范巽綠、林盛豐等離開中央。因缺乏了解與支持建築政策者於中央，各界深感危機。

2006.03.05 於「紫藤廬」集會，就建改社成立宗旨、名稱、時程交換意見。

2006.05.07 於「國際藝術村」舉辦建改社發起人暨成立大會，推舉陳邁先生為社長，並將社名改為「建築改革合作社」。

2006.09.16 反省與對話，921新校園運動回顧與前瞻研討會。

2007.03.17 於「國際藝術村」舉辦建築師考試制度改革座談會。

2007.07.07 於「宗邁建築師事務所」開正式設立籌備會，籌備會同意以「建築改革社」為名。

2007.09.15 建築改革社正式成立大會並選出第一任社長——陳邁先生。

2008.02.22 建築改革社參加工程會「研商機關辦理公有建築物評選建築師作業」座談會。

2008.03.29 於「淡江大學城中校區」舉辦第二次建築師考試制度座談會。

2008.05.23 建改社參與「全國建管都計會議」。

2008.07.01 建改社社員隨臺大「臺灣支援川震重建聯盟」參與四川雅安、旺倉等地校園重建。

2008.09.21 於「蓮潭國際會館」舉辦建築改革社第一屆第2次社員大會。

2009.03.15 建改社成員參與臺北市建築師公會理事選舉。

2009.09.12 在南投「紙教堂Paper Dome」舉行建築改革社第二屆第1次會員大會，並推選陳柏森先生為第二屆社長。

2010.06.09 由陳柏森社長率領拜訪民進黨立院黨團，由柯建銘立委接見，提出公共工程品質不彰之現況，目標推動公共工程執業環境改革。

2010.06.10 由陳柏森社長率領拜訪營建署，由署長葉世文及建築組承辦人員接見。建改社表達建築師執業環境相關法規修訂之必要性，葉署長允諾研究辦理。

2010.12.04 於「臺北市立美術館」舉辦建改社第二屆第1次社員大會，提議建改社應參與國家文藝獎建築類組提名，由理監事會設立提名辦法，每年年底前提名優秀建築師，角逐國家文藝獎。

2011.12.18 於臺中「築生講堂」舉辦建改社第三屆社員大會，由曾旭正與呂欽文出任社長與副社長。

2012.05.05 於「都市再生前進基地URS44」舉辦「校園的學習與對話：奎山學校校園規劃研討會」。

2012.08.31 舉行臨時常務理監事會議，出版書《建築．希望：建改社異論集，2007-2012》。

2012.09.03 建改社於「臺大校友會館」舉行「反對最低標殘害設計產業－建築改革社記者會」。

2012.09.13 由陳邁先生與社長曾旭正率領，拜訪臺中市副市長蕭家淇，強烈建議臺中市政府不再採用異質最低標。

2013.06.15 於「雄獅永康人文空間」舉辦異論講堂；主題：如何建構一個公平合理的「競圖」機制。

2013.07.03 將「如何建構一個公平合理的「競圖」機制」之結論發函予行政院公共工程委員會。

2013.08.15 《蘋果日報》地產中心記者洪儷容至宗邁建築師事務所拜訪陳邁先生，採訪建改社活動目標之一「推動建築師考試制度改革」，訪談內容將刊登於「政府管太多」單元。

2013.09.29 本社於9月29日社員大會中，推選出呂欽文擔任社長、曾光宗擔任副社長。

2013.11.30 於日新國小舉辦「建築師考試制度的變革與展望」座談會。

2014.03.15 於雄獅永康欣講堂舉辦「建改座談：我對建築師考試命題內容的看法」。

2014.04.22 拜會南投縣政府建設處，表達對南投各校配合裝設太陽能版可能造成環境衝擊之關心。

2014.09.01 推動建築人【自問行動】“如果社會有千瘡百孔待補，我們該先補上我們的這一塊”。

2014.09.21 建築改革社2014年會暨慶祝陳邁先生獲得國家文藝獎茶會。

2015.01.20 拜訪臺北市林欽榮副市長及都發局林州民局長。

2015.02.07 舉辦「建築設計與住宅新想像：從建築設計角度談臺灣社會住宅政策座談會」。

2015.05.23 受臺北市林欽榮副市長及林洲民都發局長邀請，交換有關臺北市都市建設意見。

2015.07.31 建改社受邀參加內政部營建署「建築師建築酬金共通性標準」研商會議。

2015.08.06 建改社拜訪桃園市政府談社宅招標文件。

2015.09.11 受工程會邀請參加「研擬建築公共工程五大議題之研究與建議方案」會議。

2015.09.20 推選出建築改革社第五屆幹部社長：曾光宗，副社長：徐岩奇。

2016.01.10 聲援謝英俊建築師參選立委，參加綠社盟選前造勢大會。

2016.01.23 於柏森建築師事務所召開「公共住宅政策說帖研商會議」。

2016.02.02 參加於逸仙國小由臺北市政府舉辦的「新北投車站重組位置議題公聽會」，積極聲援北投社區的年輕人及文史團體，對於新北投車站原址重建之訴求。

2016.02.06 於建改社FB平台，提出「臺南大地震－建改社的呼籲」。

2016.02.25 拜會曾旭正副市長，討論建改社協助0206臺南大地震災後重建事宜。

2016.02.26 雄獅欣講堂臺大人文空間舉辦【建改YOUNG TALK】座談會。

2016.03.08 與高雄市公會至立法院，拜會姚文智立法委員，商討建築法及建築師法修法事宜。

2016.04.30 於紫藤廬，商討建築法及建築師法修訂內容。

2016.06.12 於松山菸廠舉辦【建改YOUNG TALK】座談會。

2016.06.18 於慕哲咖啡舉辦【巢運居住講堂】，主題「多元觀點下的公共住宅規劃設計」。

2016.07.02 於大元聯合建築師事務所，商討建築法及建築師法修訂內容。

2016.10.01 於立法院紅樓101會議室，由吳思瑤立法委員及許毓仁立法委員召開「改革採購制度、促進優質採購」公聽會。

2016.11.21 於立法院由吳思瑤立法委員召開「促進優質採購、健全採購法制」座談會。公部門由公共工程委員會吳宏謀主委帶隊出席。

2016.11.25 參加營建署「研商建築師法修正草案會議」。

2016.12.21 於立法院，參與「東海大學校園建築群保存討論會」。

2016.12.22 協助教育部國教署校園文化資產專家學者名單。

2017.02.14 參加立法院「美感教育實踐與推動」座談會。

2017.03.09 參加「都市危險及老舊建築物加速重建獎勵條例草案」立法院公聽會。

2017.03.10 參加營建署「社會住宅規劃設計規範研擬」討論會。

2017.04.13 參加營建署研商「建築法部分條文修正草案會議」。

2017.04.19 參加立法院「前瞻基礎建設計畫－城鄉建設計畫」公聽會。

2017.05.30 首度參加吳思瑤立委邀請之洲美文化祭端午龍舟賽。

2017.05.31 參加立法院「前瞻國土美學」公聽會。

2017.09.23 於宜蘭舉行建改社第六屆社員大會，推選徐岩奇擔任社長，褚瑞基擔任副社長。

2017.10.20 在吳思瑤立委辦公室與工程會討論契約範本招標文件等議題改革。

2017.11.02 在工程會討論競圖徵選之「評分表」設計。

2017.11.03 在吳思瑤立委辦公室討論監造與監工分際。

2017.11.08 在宗邁，向葉宏安請教監造與監工分際議題。

2017.11.08 考選部邀請參與建築師考試制度改革。

2017.12.22 與吳思瑤立委舉辦「低碳世代與國土永續的木構造建築：國際發展新思維」座談會。

2018.03.01 吳思瑤立委陪同拜會臺北市林欽榮副市長，召集發包中心討論建立友善招標制度。

2018.04.20 參加林盛豐監委主辦的「提升公共工程品質跨機關交流工作坊」。

2018.07.12 與監察院到奇岩養護社區工地進行工地實務討論，進行第三方勘驗研討。

2018.08.15 到立法院參與吳思瑤委員建築博物館會議籌備召開。

2019.01.25 工程會召開建築單價（中央共同編列標準）會議。

2019.01.31 會同洪育成到營建署召開木構造修法討論會。

2019.01.31 到臺北市發包中心，討論訂定針對小額工程款契約範本會議。

2019.03.13 監察院由林盛豐、楊芳婉監委共同召開約詢會議。討論公有建築物單價，契約範本，及監工監造等議題。

2019.04.11 創社社長陳邁先生於2019.4.11下午3:18過世。

2019.05.12 陳邁先生紀念會於公務員訓練大樓禮堂舉行。

2019.08.30 《921地動綻開的花蕊》出版。

「新校園設計團隊工作站」發起函

本次「教育部震災後校園重建建築師甄選」工作，主辦單位前瞻性的做法與鼓勵性的態度，讓我們重拾對公共工程甄選作業的興趣與信心，非常值得肯定。我們能透過這個機制，有幸參與921以來持續關心的災後重建工作，相信大家心裡也都感到欣慰。

教育部起頭的工作已告一段落，接下來便是吾人粉墨登場、接手後續工作的時候了。在全國矚目之下，你我的心情必然相同：希望一展所長、不負期許！

只是，我們此刻的心裏必然也都有好些的疑問，譬如:

--工作期限怎麼界定?

--鑽探測量由誰執行?怎麼執行?何時完成?

--設計由誰決定定案?學校?營建署?還是原來的評審團隊?

--建照申請有無統合簡便之方式?

--有爭議向何方申辯?

-- ……………

只要從事過公共工程的設計單位都知道，類似上面的任何一個問題，都可以讓設計案拖延好幾個月(光搞清楚不同縣市的新舊表格、單行法規就可以耗掉大部分精力！)。我們不希望在這些不營養的虛工上面花掉主辦單位好不容易爭來的時間、也希望行政單位能進一步配合，為設計團隊能多留點時間在設計規劃上面。

為此，我們是否能有一個較系統性的組織，整合大家的意見，以單一窗口和相關方面溝通協調。這個組織不是為了爭取任何自身權益，而是為了釐清未來工作路途上可能碰到的障礙，以促成整體工作目標。

這個組織(「新校園設計團隊工作站」，暫定)，將可以省掉許多大家單兵摸索的孤獨與無奈，您認為是嗎?

發起人:王立甫　呂欽文　林洲民　周子艾
胡炯輝　張清華　莊學能　楊瑞禎
徐岩奇/黃永建　黃光瑞　蔣敬三
李謝嵐(已回收簽名函之朋友)

若您同意共襄盛舉，煩請簽名(也請發起人補簽名):

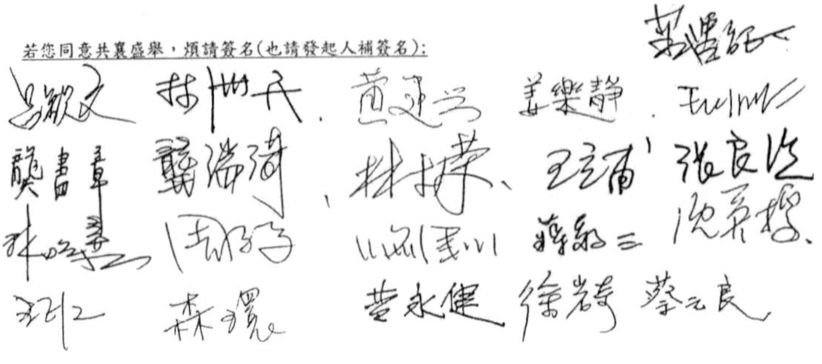

為我們新的校園環境及及新的公共工程品質
向敬愛的
張院長 建言

這次的「921新校園運動成果展」共有25個設計團隊的39個設計案參予展出。這25個設計團隊中有5個來自台南、6個來自台中、3個來自宜蘭、1個來自新竹，還有12個來自台北。

我們之間，大部分是素昧平生；25個團隊今天能聚集在這裡，除了是921的災難所激發的參與重建的熱情之外，另外一個同樣重要的因素是：我們看到了這次校園重建工作的理想性、我們看到了主其事者試圖藉這次重建附予新校園新內涵的努力。

說得更明白一點，這次重建試圖打破過去學校設計的窠臼，朝著以人為本，從學生、老師、家長、社區、生態、地域的本質探討校園的內外在形式，而不是依循威權與意識型態的概念從南到北不斷複製既成模式。

這樣的理想性，深深吸引了我們這群有同樣理念、卻必須在台灣的各個角落單打獨鬥的設計師們；甚至吸引了過去怯於參與公共工程的設計團隊。

在這裡我們必須感謝教育部的前瞻性理念與勇於承擔的作為，使一切變為可能。

今天我們交出了階段性的成績單，我們不敢說設計品質盡善盡美，但我們敢說我們的心態與用功程度，是絕對經得起檢視的。各位在這39個作品裏頭，會看到許許多多以往沒想到的概念與處理手法，這都是我們對於新校園環境的探討心得。

幾個月之後，在一棟棟新建築前面，我們將會看到新校園運動的成果；這些成果將開啟台灣校園建築的新氣象是絕對可以期待的。

從宜蘭經驗到災區校園重建，我們每個人都可以了解到：好的品質必須站在這樣的基礎上---1.有理想性的行政主管、2.有理想性的設計執行單位、3.有理想性的行政辦法。台灣不缺有理想性的設計師，也不缺有理想性的行政人員，但獨缺有理想性的行政管理辦法。這次災後重建的耗時費日、設計規劃的倉促上手，都在於行政程序的繁瑣複雜，其結果政府的效能受傷，也影響了應有的品質。

如果能更有擔當的處理行政程序、尤其若能適度建討「政府採購法」有關條文，除防弊之外能以激發優良潛能為著眼點，我們的公共工程才有脫胎換骨的機會。至於如何檢討修正，我們很願意再找機會詳述。

我們從實務的觀點提出上述的建議。我們知道這樣的建議只有在您這樣的層級才有被考慮的可能。因此，藉這次機會，算是向您建言吧！

新校園運動合作社
代表所有團隊 敬筆 90-5-11

有方之思 001

921 地動綻開的花蕊

編著 建築改革社｜**照片提供** 王維仁、吳宜晏、吳思瑤、呂欽文、林洲民、邱文傑、姜樂靜、范巽綠、夏鑄九、徐岩奇、郭俊沛、郭瓊瑩、陳永興、曾光宗、黃建興、劉木賢、謝伯昌、謝英俊、羅時瑋｜**社長** 余宜芳｜**副總編輯** 李宜芬｜**企劃經理** 林貞嫻｜**封面暨內頁設計** 陳文德｜**內頁排版** 薛美惠｜**出版者** 有方文化有限公司／23445 新北市永和區永和路 1 段 156 號 11 樓之 2 **電話**—(02)2366-0845 **傳真**—(02)2366-1623｜**總經銷** 時報文化出版企業股份有限公司／33343 桃園市龜山區萬壽路 2 段 351 號 **電話**—(02)2306-6842｜**印製** 中原造像股份有限公司——初版一刷 2019 年 8 月 30 日｜**定價** 新台幣 320 元｜

ISBN：978-986-97921-1-0

921 地動綻開的花蕊 / 建築改革社編著 .
-- 初版 . -- 新北市 : 有方文化 , 2019.08
面； 公分 . -- (有方之思 ; 1)

ISBN 978-986-97921-1-0(平裝)

1. 災後重建 2. 政府與民間合作 3. 校園 4. 文集

575.107 108012710